Brigitte Penzenstadler

# Schreibtraining in 3 Kompetenzstufen

## Band 1: Sachbezogene und appellative Texte

Kopiervorlagen
5./6. Jahrgangsstufe

Persen Verlag GmbH

**Die Autorin:**

**Brigitte Penzenstadler** studierte Lehramt an der Universität Passau und unterrichtet an einer Hauptschule.

Gedruckt auf umweltbewusst gefertigtem, chlorfrei gebleichtem und alterungsbeständigem Papier.

1. Auflage 2010
Nach den seit 2006 amtlich gültigen Regelungen der Rechtschreibung


Grafik: Oliver Wetterauer, Stuttgart
Satz: media.design, Neumünster

ISBN 978-3-8344-**3313**-8

www.persen.de

# Inhaltsverzeichnis

# Vorwort

*Liebe Kolleginnen, liebe Kollegen,*

„Schreiblust wecken – Schreibkompetenzen steigern" lautet das Motto dieses Buches.

Dass die Lust am Schreiben und somit die Schreibkompetenz nicht durch stures Üben mit erhobenem Zeigefinger geweckt werden kann, ist hinreichend bekannt.
Doch:
- Wie kann man als Lehrkraft manchen Schülerinnen und Schülern die Angst vor dem Schreiben nehmen und ein Grundgerüst für die Textproduktion an die Hand geben?
- Wie hilft man den einen, die vielleicht schnell eine zündende Idee haben, aber Probleme, diese entsprechend auf Papier zu bringen?
- Wie kann man die anderen, die nur so vor Ideen sprudeln, in ihrem schöpferischen Drang unterstützen?

Um dieser Heterogenität der Schülerinnen und Schüler, die in jeder Klasse zu finden ist, Rechnung zu tragen, finden Sie im vorliegenden Werk Hilfestellungen, die den Schreibprozess unterstützen. Durch planmäßiges Training **in drei Schwierigkeitsstufen** werden Schreibdefizite sukzessive und nachhaltig gemindert und Schreibleistungen verbessert. Entsprechend ihrer bereits vorhandenen Kompetenzen werden somit alle Schülerinnen und Schüler individuell gefördert.

Im **grundlegenden Niveau** (Kompetenzstufe A) steht durch kleinschrittiges Vorgehen und abwechslungsreiche Übungsaufgaben die Vermittlung von Basiskompetenzen im Bereich Schreiben im Vordergrund. Dadurch erhalten auch Leistungsschwächere die Möglichkeit, bessere Ergebnisse zu erzielen.
Schreiberinnen und Schreiber, denen es nur schwer fällt, Texte ansprechend zu formulieren, finden im **qualifizierenden Niveau** (Kompetenzstufe B) eine Vielzahl von motivierenden Anregungen.

Das **weiterführende Niveau** (Kompetenzstufe C) bietet dagegen schreibstarken Schülerinnen und Schülern die Gelegenheit, ihre bereits vorhandenen Kompetenzen weiterhin zu festigen und zu vertiefen.

Die zahlreichen differenzierten Übungsaufgaben, die **sämtliche wichtigen Bereiche des Schreibens in der 5. und 6. Jahrgangsstufe** abdecken, tragen dazu bei, den Schreibprozess zu optimieren. Durch die wechselnden Aufgabenformen und durch die Möglichkeit der Selbstkontrolle ist eine gezielte Förderung – auch im Klassenverband – ohne Mehraufwand von Seiten der Lehrkraft möglich. Die direkt einsetzbaren Kopiervorlagen aktivieren das Vorwissen, verbessern die schriftliche Ausdrucksweise, regen zu kreativen Eigenproduktionen an und können weitgehend ohne unmittelbare Hilfe bearbeitet werden. Die Lösungsblätter direkt im Anschluss an die Aufgaben unterstützen Sie bei Ihrer täglichen Unterrichtsvorbereitung.

Schreibaufgaben als Training und Schreibkonferenzen in Kleingruppen von drei bis vier Personen am Ende jeder Einheit dienen zur Motivation und Überprüfung der individuellen Schreibleistung und somit des Lernzuwachses. Insbesondere die Schreibkonferenzen, die in homogenen als auch heterogenen Niveaustufen stattfinden können, geben den Schreiberinnen und Schreibern oft neue Impulse und Tipps für die Überarbeitung des eigenen Textes. Auf diese Weise werden Stärken entwickelt, Schwächen reduziert und positive Schreiberfahrungen ermöglicht.

Ich hoffe, mithilfe des vorliegenden Buches, die Schreiblust Ihrer Schülerinnen und Schüler zu wecken und Sie zu weiteren Ideen anzuregen.

Viel Spaß und Erfolg beim Ausprobieren!

*Brigitte Penzenstadler*

# Wie gestaltet man einen persönlichen Brief?

**1. Briefumschlag Vorderseite**

Wo befinden sich
- Briefmarke,
- Absender und
- Adresse

auf dem Briefumschlag?

Trage die entsprechenden Bezeichnungen an den richtigen Stellen ein.

**2. Briefbogen**

Ordne die Begriffe auf dem Briefbogen richtig zu.

- Inhalt des Briefes
- Ort
- Gruß
- Datum
- Anrede
- Rand lassen
  (in Wirklichkeit sind es 2 cm)

**3. Markiere die Stellen am Briefbogen, an denen du eine**

**– Zeile freilassen solltest mit einem Kreuz ( x ),**
**– neue Zeile anfangen solltest mit einem Punkt ( • ).**

# Wie gestaltet man einen persönlichen Brief? – Lösung

**1. Briefumschlag Vorderseite**

Wo befinden sich
- Briefmarke,
- Absender und
- Adresse

auf dem Briefumschlag?

Trage die entsprechenden Bezeichnungen an den richtigen Stellen ein.

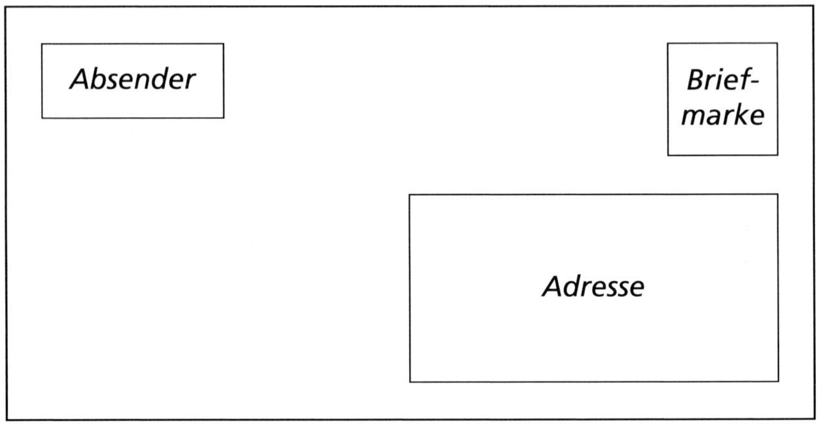


**2. Briefbogen**

Ordne die Begriffe auf dem Briefbogen richtig zu.

- Inhalt des Briefes
- Ort
- Gruß
- Datum
- Anrede
- Rand lassen
  (in Wirklichkeit sind es 2 cm)

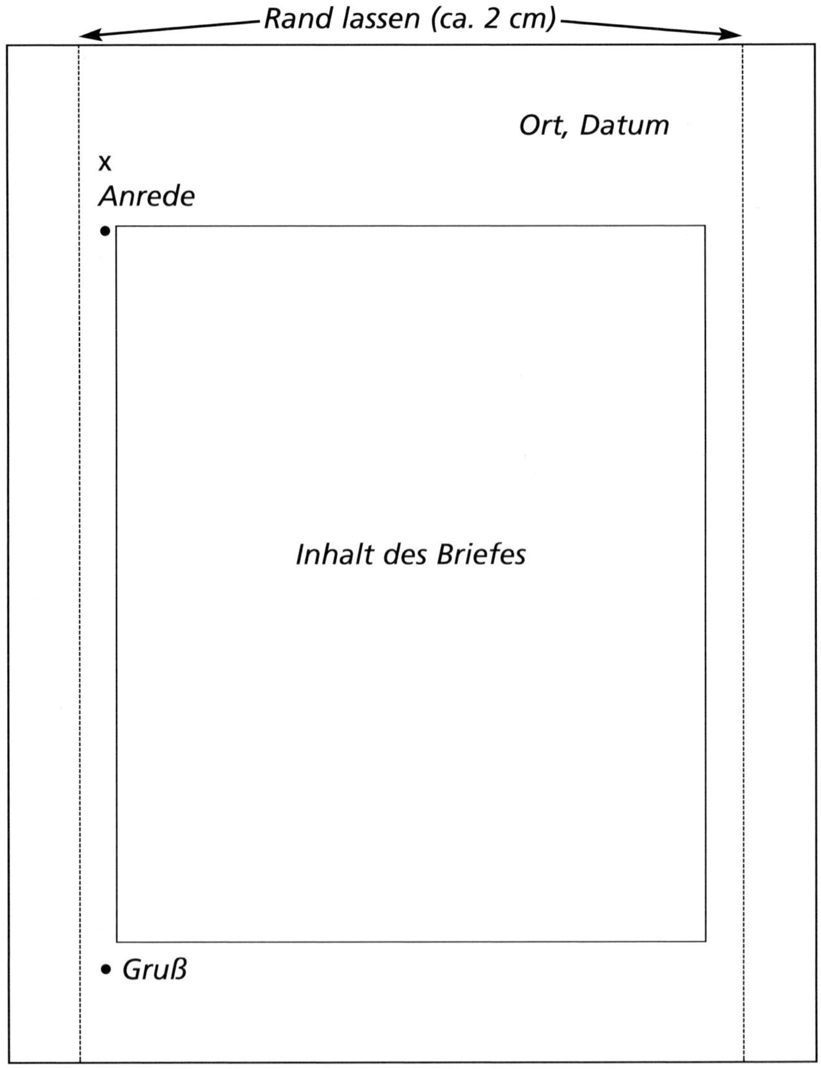


**3. Markiere die Stellen am Briefbogen, an denen du eine**

**– Zeile freilassen solltest mit einem Kreuz ( x ),**
**– neue Zeile anfangen solltest mit einem Punkt ( • ).**

# Einladung

**In der Pausenhalle deiner Schule hängt folgendes Plakat:**

**1. Kannst du anhand des Plakats diese Fragen beantworten?**

| | ja | nein |
|---|---|---|
| Warum wird die Party gegeben? | | |
| Wer lädt ein? | | |
| An welchem Tag wird gefeiert? | | |
| Um welche Uhrzeit beginnt die Party? | | |
| Wo findet die Fete statt? | | |

**2. Welche wichtigen Informationen muss also eine Einladung enthalten? Verbinde.**

- **Warum? Was?**
- **Wann?**
- **Wer?**
- **Wo?**

- **genaues Datum**
- **Anlass der Einladung**
- **vollständige Anschrift**
- **genaue Uhrzeit**
- **Name des Gastgebers**
- **genaue Ortsangabe**

**3. Was fällt dir negativ auf, wenn du das obige Plakat betrachtest?**

______________________________________________

______________________________________________

______________________________________________

# Einladung

**In der Pausenhalle deiner Schule hängt folgendes Plakat:**

**1. Kannst du anhand des Plakats diese Fragen beantworten?**

| | ja | nein |
|---|---|---|
| Warum wird die Party gegeben? | | x |
| Wer lädt ein? | | x |
| An welchem Tag wird gefeiert? | | x |
| Um welche Uhrzeit beginnt die Party? | | x |
| Wo findet die Fete statt? | | x |

**2. Welche wichtigen Informationen muss also eine Einladung enthalten? Verbinde.**

| | |
|---|---|
| **Warum? Was?** | **Anlass der Einladung** |
| **Wann?** | **genaues Datum**, **genaue Uhrzeit** |
| **Wer?** | **Name des Gastgebers** |
| **Wo?** | **vollständige Anschrift**, **genaue Ortsangabe** |

**3. Was fällt dir negativ auf, wenn du das obige Plakat betrachtest?**

*verschiedene Schriftarten, schmuddeliges Äußeres, langweiliges Design, unübersichtlich,*

*zu große Schrift, wichtige Angaben fehlen, schwer leserlich, ...*

# Einladungskuddelmuddel

**1. Hier ist einiges durcheinander geraten. Bringe die Einladung in eine sinnvolle Reihenfolge (1 – 9).**

☐ **Um 15.00 Uhr erwarte ich dich bei mir zu Hause in der Gartenstraße 11.**

☐ **Liebe Susi,**

☐ **Ich würde mich sehr freuen, wenn du kommen könntest.**

☐ **Selbstverständlich fahren dich meine Eltern nach der Feier heim.**

☐ **Dein Tim**

☐ **zu meiner Geburtstagsparty am Freitag, den 22.05., lade ich dich recht herzlich ein.**

☐ **München, den 10.05.2009**

☐ **Vielleicht kannst du auch ein paar CDs und Spielideen mitbringen.**

☐ **Falls du nicht kommen kannst, sag mir bitte unter der Telefonnummer 089/12345 bis spätestens nächsten Dienstag Bescheid.**

**2. Schreibe die Einladung in der richtigen Reihenfolge sauber und fehlerfrei ab.**

# Einladungskuddelmuddel – Lösung

**1. Hier ist einiges durcheinander geraten. Bringe die Einladung in eine sinnvolle Reihenfolge (1 – 9).**

| | |
|---|---|
| *4* | Um 15.00 Uhr erwarte ich dich bei mir zu Hause in der Gartenstraße 11. |
| *2* | Liebe Susi, |
| *5* | Ich würde mich sehr freuen, wenn du kommen könntest. |
| *7* | Selbstverständlich fahren dich meine Eltern nach der Feier heim. |
| *9* | Dein Tim |
| *3* | zu meiner Geburtstagsparty am Freitag, den 22.05., lade ich dich recht herzlich ein. |
| *1* | München, den 10.05.2009 |
| *6* | Vielleicht kannst du auch ein paar CDs und Spielideen mitbringen. |
| *8* | Falls du nicht kommen kannst, sag mir bitte unter der Telefonnummer 089/12345 bis spätestens nächsten Dienstag Bescheid. |

**2. Schreibe die Einladung in der richtigen Reihenfolge sauber und fehlerfrei ab.**

*München, den 10.05.2009*

*Liebe Susi,*

*zu meiner Geburtstagsparty am Freitag, den 22.05., lade ich dich recht herzlich ein.*

*Um 15.00 Uhr erwarte ich dich bei mir zu Hause in der Gartenstraße 11.*

*Ich würde mich sehr freuen, wenn du kommen könntest.*

*Vielleicht kannst du auch ein paar CDs und Spielideen mitbringen.*

*Selbstverständlich fahren dich meine Eltern nach der Feier heim.*

*Falls du nicht kommen kannst, sag mir bitte unter der Telefonnummer 089/12345*

*bis spätestens nächsten Dienstag Bescheid.*

*Dein Tim*

# Schreibaufgabe

**Mutter hat Judith und Andreas erlaubt, am Rosenmontag eine Faschingsparty von 14.00 bis 18.00 Uhr zu veranstalten und ihre besten Freundinnen und Freunde einzuladen. Judith und Andreas beschließen, Einladungen zu schreiben.**

**Kannst du ihnen helfen?**

**Wie sieht dein Vorschlag aus?**

**Wenn du dir unsicher bist, schlage in deinem Aufsatzheft nach.**

**!**

**Achte darauf, dass deine Einladung alle wichtigen Informationen zu**

- **wer feiert?**
- **wo wird gefeiert?**
- **wann findet die Party statt?**
- **warum/was wird gefeiert?**

**enthält.**

**Schreibe alle persönlichen Fürwörter (Personalpronomen) einheitlich groß *oder* klein.**

**Kontrolliere zum Schluss, ob deine Einladung alle obigen Punkte erfüllt hat.**

# Schreibkonferenz

Eine Schreibkonferenz hilft euch, eure Einladung noch besser zu gestalten.
Selbst Bestsellerautoren lesen und überarbeiten ihre Werke immer wieder, bevor sie diese veröffentlichen.
Dabei erhalten sie oft viele wertvolle Tipps von anderen.

Bildet für eure Schreibkonferenz eine Gruppe von höchstens drei bis vier Personen. Vielleicht können sogar eure Textprodukte von eurer Lehrkraft in der entsprechenden Anzahl kopiert werden.

Führt anschließend eine Schreibkonferenz durch:

① Ein Gruppenmitglied liest seine Einladung laut vor.
Hört dem Leser aufmerksam zu!
Informiert den Autor über euren ersten Eindruck, dabei muss mindestens ein guter Punkt erwähnt werden!

② Während das Geschriebene ein zweites Mal langsam vorgelesen wird, macht euch stichpunktartig Notizen auf dem **Schreibkonferenzbogen – Einladung**.

③ Teilt eure Aufzeichnungen höflich der Schreiberin oder dem Schreiber mit. Macht gemeinsam sinnvolle Verbesserungsvorschläge, die dem Autor wirklich helfen!

④ Nun ist der oder die Nächste an der Reihe, das Geschriebene vorzutragen. Wiederholt diesen Vorgang so lange, bis jedes Gruppenmitglied sein Werk vorgestellt und Tipps erhalten hat. Dann verbessert eure Einladungen!

# Schreibkonferenzbogen – Einladung

**Name des Autors:** ______________________________

**Überschrift des Textes:** ______________________________

| | ☺ | ☹ | Verbesserungsvorschlag |
|---|---|---|---|
| 1. Hat die Einladung eine Anrede? | | | |
| 2. Wurde geschrieben,<br>a) warum eingeladen wurde? | | | |
| b) wann die Feier stattfindet? | | | |
| c) wo die Party ist? | | | |
| 3. Steht zum Schluss die Grußformel? | | | |

Datum

Unterschrift des Schreibkonferenzmitglieds

# Wie gestaltet man einen Brief?

1. **Was gehört alles auf den Briefumschlag?**

   Du willst einen Brief an deine Schule schreiben.

   Setze deine Anschrift und die der Schule richtig ein.

2. **Notiere, was an den jeweiligen Stellen bei einem persönlichen Brief zu finden sein sollte.**

**3. Beim Schreiben von Briefen muss einiges beachtet werden. Weißt du das noch?**

**4. Kreuze die richtige Aussage an.**

| | **persönlicher Brief** | **formaler Brief** |
|---|---|---|
| Liebe Susi, | | |
| Sehr geehrte Damen und Herren, | | |
| Auf Ihr Kommen freue ich mich. | | |
| Mit freundlichen Grüßen | | |
| Bringe bitte deine CD-Sammlung mit. | | |
| Dein Florian | | |
| Ich danke Ihnen für die Einladung. | | |
| Am 11.11. erwarte ich dich. | | |
| Gib mir bitte Bescheid. | | |
| Für Ihr leibliches Wohl ist bestens gesorgt. | | |

# Wie gestaltet man einen Brief? – Lösung

1. **Was gehört alles auf den Briefumschlag?**

   Du willst einen Brief an deine Schule schreiben.

   Setze deine Anschrift und die der Schule richtig ein.

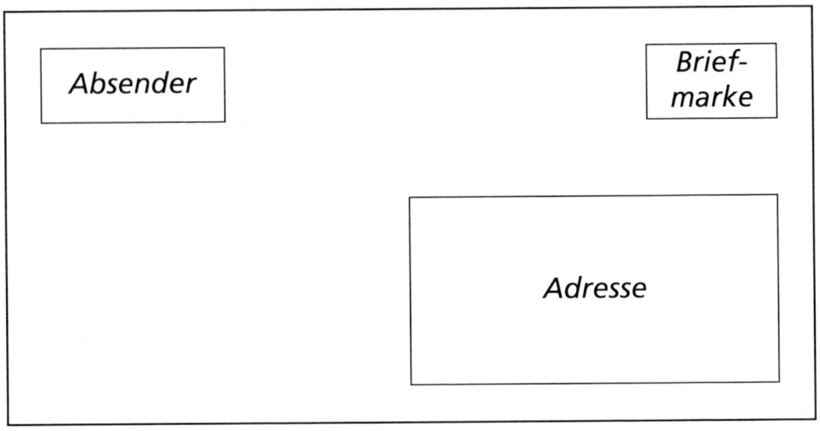


2. **Notiere, was an den jeweiligen Stellen bei einem persönlichen Brief zu finden sein sollte.**

*Ort, Datum*

*Anrede*,

*Inhalt des Briefes*

*Grußformel*

**3. Beim Schreiben von Briefen muss einiges beachtet werden. Weißt du das noch?**

*Links und rechts einen Rand von 2 cm lassen.*

*Sauber und leserlich schreiben.*

*Zeilen beachten. Auf den Zeilen schreiben.*

*Nach der Anrede ein Komma setzen, eine neue Zeile beginnen und klein weiterschreiben.*

*Logische Absätze machen.*

*Persönliche Anredefürwörter (Personalpronomen), wie du, dich, dein, etc., schreibt man entweder immer groß oder immer klein.*

*Formale Pronomen, wie Sie, Ihr, Ihrem, etc., schreibt man immer groß.*

*...*

**4. Kreuze die richtige Aussage an.**

| | persönlicher Brief | formaler Brief |
|---|---|---|
| Liebe Susi, | x | |
| Sehr geehrte Damen und Herren, | | x |
| Auf Ihr Kommen freue ich mich. | | x |
| Mit freundlichen Grüßen | | x |
| Bringe bitte deine CD-Sammlung mit. | x | |
| Dein Florian | x | |
| Ich danke Ihnen für die Einladung. | | x |
| Am 11.11. erwarte ich dich. | x | |
| Gib mir bitte Bescheid. | x | |
| Für Ihr leibliches Wohl ist bestens gesorgt. | | x |

# Einladung

**In der Pausenhalle deiner Schule hängt folgendes Plakat:**

**1. Wenn du dieses Plakat liest, stellst du dir sicher einige Fragen. Notiere sie.**

______________________________________________

______________________________________________

______________________________________________

______________________________________________

**2. Welche wichtigen Informationen muss eine Einladung unbedingt enthalten? Kennst du die passenden Fragewörter?**

| | |
|---|---|
| Anlass der Einladung | ________________ |
| detaillierte Ortsangabe | ________________ |
| genaues Datum und Uhrzeit | ________________ |
| Gastgeber/Veranstalter | ________________ |
| Essen/Trinken/Spiele | ________________ |

**3. Überlege, wie eine ansprechende Einladung aussehen sollte.**

______________________________________________

______________________________________________

______________________________________________

______________________________________________

# Einladung – Lösung

**In der Pausenhalle deiner Schule hängt folgendes Plakat:**

**1. Wenn du dieses Plakat liest, stellst du dir sicher einige Fragen. Notiere sie.**

*Wo findet die Feier statt? Wer lädt ein/wer veranstaltet die Party? Welche Art von Party ist es? Wann steigt die Fete? An welchem Tag? Ist etwas mitzubringen? ...*

**2. Welche wichtigen Informationen muss eine Einladung unbedingt enthalten? Kennst du die passenden Fragewörter?**

| | |
|---|---|
| Anlass der Einladung | *Warum?* |
| detaillierte Ortsangabe | *Wo?* |
| genaues Datum und Uhrzeit | *Wann?* |
| Gastgeber/Veranstalter | *Wer?* |
| Essen/Trinken/Spiele | *Wie/was?* |

**3. Überlege, wie eine ansprechende Einladung aussehen sollte.**

*interessante Aufmachung, schöne und leserliche Schrift, wichtige Angaben hervorheben, farbige Gestaltung, übersichtliche Anordnung des Textes, ...*

# Einladungskuddelmuddel

**1. Hier ist einiges durcheinander geraten und manches fehlt sogar. Ergänze das Fehlende und bringe die Einladung in eine sinnvolle Reihenfolge.**

☐ **Um ________ Uhr erwarte ich dich bei mir zu Hause ______________________.**

☐ **Liebe(r) ________________,**

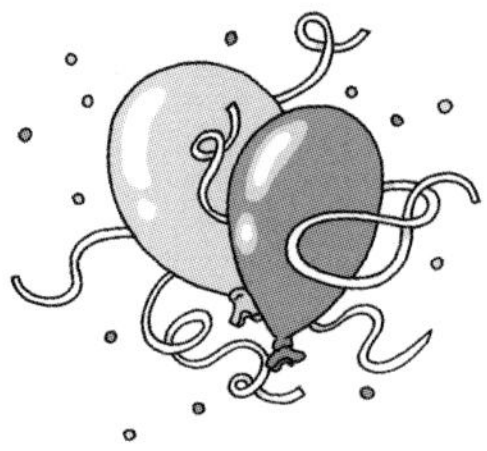

☐ **Ich würde mich sehr freuen, wenn du kommen könntest.**

☐ **Selbstverständlich fahren dich meine Eltern nach der Feier heim.**

☐ **Dein(e) ________________**

☐ **zu meiner Geburtstagsparty am ____________ lade ich dich recht herzlich ein.**

☐ **________________, den ____________**

☐ **Vielleicht kannst du auch ____________________________ mitbringen.**

☐ **Falls du nicht kommen kannst, sag mir bitte unter der Telefonnummer __________ bis spätestens ________________________________ Bescheid.**

**2. Schreibe die Einladung mit deinen Angaben in der richtigen Reihenfolge sauber und fehlerfrei ab.**

# Einladungskuddelmuddel – Lösung

**1. Hier ist einiges durcheinander geraten und manches fehlt sogar. Ergänze das Fehlende und bringe die Einladung in eine sinnvolle Reihenfolge.**

| | |
|---|---|
| 4 | Um ________ Uhr erwarte ich dich bei mir zu Hause ____________________. |
| 2 | Liebe(r) ________________, |
| 5 | Ich würde mich sehr freuen, wenn du kommen könntest. |
| 7 | Selbstverständlich fahren dich meine Eltern nach der Feier heim. |
| 9 | Dein(e) ________________ |
| 3 | zu meiner Geburtstagsparty am ____________ lade ich dich recht herzlich ein. |
| 1 | ________________, den ____________ |
| 6 | Vielleicht kannst du auch ______________________________ mitbringen. |
| 8 | Falls du nicht kommen kannst, sag mir bitte unter der Telefonnummer __________ bis spätestens ________________________________ Bescheid. |

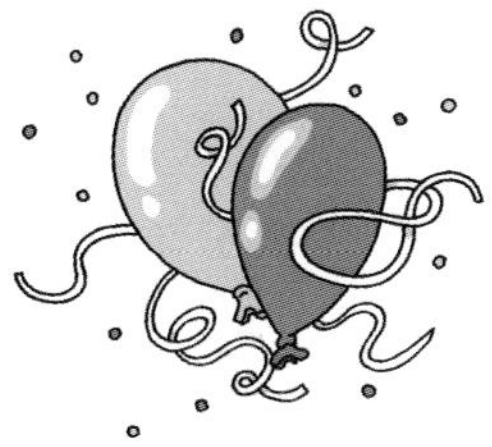

**2. Schreibe die Einladung mit deinen Angaben in der richtigen Reihenfolge sauber und fehlerfrei ab (individuelle Lösungsmöglichkeiten).**

# Schreibaufgabe

**Mutter hat Judith und Andreas erlaubt, am Rosenmontag eine Faschingsparty von 14.00 bis 18.00 Uhr zu veranstalten und ihre besten Freundinnen und Freunde einzuladen. Judith und Andreas beschließen, Einladungen zu schreiben.**

**Kannst du ihnen helfen?**

**Wie sieht dein Vorschlag aus?**

**!**

**Achte darauf, dass deine Einladung alle wichtigen Informationen zu**

- **wer?**
- **wo?**
- **wann?**
- **warum/was?**
- **wie?**

**enthält.**

**Kontrolliere zum Schluss, ob deine Einladung alle obigen Punkte erfüllt hat.**

# Schreibkonferenz

Eine Schreibkonferenz hilft euch, eure Einladung noch besser zu gestalten. Selbst Bestsellerautoren lesen und überarbeiten ihre Werke immer wieder, bevor sie diese veröffentlichen. Dabei erhalten sie oft viele wertvolle Tipps von anderen.

Bildet für eure Schreibkonferenz eine Gruppe von höchstens drei bis vier Personen. Vielleicht können sogar eure Textprodukte von eurer Lehrkraft in der entsprechenden Anzahl kopiert werden.

Führt anschließend eine Schreibkonferenz durch:

① Ein Gruppenmitglied liest seine Einladung laut vor. Hört dem Leser aufmerksam zu! Informiert den Autor über euren ersten Eindruck, dabei muss mindestens ein guter Punkt erwähnt werden!

② Während das Geschriebene ein zweites Mal langsam vorgelesen wird, macht euch stichpunktartig Notizen auf dem **Schreibkonferenzbogen – Einladung**.

③ Teilt eure Aufzeichnungen höflich der Schreiberin oder dem Schreiber mit. Macht gemeinsam sinnvolle Verbesserungsvorschläge, die dem Autor wirklich helfen!

④ Nun ist der oder die Nächste an der Reihe, das Geschriebene vorzutragen. Wiederholt diesen Vorgang so lange, bis jedes Gruppenmitglied sein Werk vorgestellt und Tipps erhalten hat. Dann verbessert eure Einladungen!

# Schreibkonferenzbogen – Einladung

**Name des Autors:** ____________________

**Überschrift des Textes:** ____________________

| | ☺ | ☹ | Verbesserungsvorschlag |
|---|---|---|---|
| 1. Hat die Einladung eine Anrede? | | | |
| 2. Wurde geschrieben<br>a) warum eingeladen wurde? | | | |
| b) wann die Feier stattfindet? | | | |
| c) wo die Party ist? | | | |
| 3. Steht zum Schluss die Grußformel? | | | |
| 4. Wurden alle Anredefürwörter einheitlich groß oder klein geschrieben? | | | |
| 5. Gibt es Wortwiederholungen? | | | |

Datum

Unterschrift des Schreibkonferenzmitglieds

# Einladungsschreiben

**In der Pausenhalle deiner Schule hängt folgendes Plakat:**

**1. Beurteile diese Einladung und begründe deine Meinung.**

______________________________________________

______________________________________________

______________________________________________

______________________________________________

______________________________________________

**2. Notiere, welche Angaben bei einer Einladung auf keinen Fall fehlen dürfen.**

______________________________________________

______________________________________________

______________________________________________

______________________________________________

______________________________________________

**3. Beurteile die Gestaltung des obigen Plakats.**

______________________________________________

______________________________________________

______________________________________________

______________________________________________

______________________________________________

# Einladungsschreiben – Lösung

**In der Pausenhalle deiner Schule hängt folgendes Plakat:**

**1. Beurteile diese Einladung und begründe deine Meinung.**

*Diese Einladung ist fehlerhaft bzw. unvollständig, da wichtige Informationen fehlen. ...*

**2. Notiere, welche Angaben bei einer Einladung auf keinen Fall fehlen dürfen.**

*An welchem Tag steigt die Party? Um welche Uhrzeit beginnt die Feier? Wo findet die Party statt? Wer lädt ein? Welche Art von Party ist es? Ist etwas mitzubringen? ...*

**3. Beurteile die Gestaltung des obigen Plakats.**

*Das Plakat ist unübersichtlich, schwer leserlich, weist verschiedene Schriften auf. Es fehlen wichtige Angaben und das Äußere ist wenig ansprechend.*

# Einladung

Berlin, den 30. März

**Einladung an Susi von Julia**

Was? Geburtstagsfeier

Wann? Freitag, den 15. April, um 16.00 Uhr

Wo? bei mir zu Hause im Tulpenweg 9

Bitte bringe mit:

- ☐ Kuchen
- ☐ Saft
- ☒ CDs
- ☐ Computerspiele
- ☒ gute Laune
- ☐ deine Freunde

✂ - - - - - - - - - - - - - - - - - - - - - - - - - - - - - - -

Zurück an Julia bis 10. April

Ich, Susi

- ☒ komme.
- ☐ komme nicht.

**1. Würdest du diese Form der Einladung wählen? Begründe deine Entscheidung.**

______________________________________________

______________________________________________

______________________________________________

**2. Formuliere die Stichpunkte der obigen Einladung zu ganzen Sätzen.**

______________________________________________

______________________________________________

______________________________________________

______________________________________________

______________________________________________

______________________________________________

______________________________________________

______________________________________________

______________________________________________

# Einladung – Lösung

Berlin, den 30. März

**Einladung an** Susi **von** Julia

Was? Geburtstagsfeier
Wann? Freitag, den 15. April, um 16.00 Uhr
Wo? bei mir zu Hause im Tulpenweg 9

Bitte bringe mit:
- ☐ Kuchen
- ☐ Saft
- ☒ CDs
- ☐ Computerspiele
- ☒ gute Laune
- ☐ deine Freunde

✂ ---------------------------------------------

Zurück an Julia bis 10. April
Ich, Susi
- ☒ komme.
- ☐ komme nicht.

**1. Würdest du diese Form der Einladung wählen? Begründe deine Entscheidung.**

*Ich würde diese Form dieser Einladung wählen, weil sie kurz und übersichtlich ist.*

*Ich würde diese Einladung nicht verschicken, da sie sehr unpersönlich und langweilig ist.*

**2. Formuliere die Stichpunkte der obigen Einladung zu ganzen Sätzen.**

*Liebe Susi,*

*hiermit lade ich dich recht herzlich zu meiner Geburtstagsparty am Freitag, den 15. April, ein. Um 16.00 Uhr erwarte ich dich bei mir zu Hause im Tulpenweg 9.*

*Ich würde mich sehr freuen, wenn du kommen könntest und gute Laune sowie deine Lieblings-CDs mitbringst.*

*Falls du nicht kommen kannst, sag mir bitte bis 10. April Bescheid.*

*Deine Julia*

# Fehlerhafte Einladung

**Hier haben sich viele Fehler eingeschlichen.**

**1. Markiere alles Falsche und Fehlende farbig.**

**2. Verbessere die Einladung und schreibe sie korrekt ab.**

Lieber Simon
Zu meiner Party nächste Woche lade ich dich sehr herzlich ein.
Die Feier beginnt am Nachmittag und dauert bis zum Abend.
Vielleicht kannst Du auch deine Lieblingscomputerspiele mitbringen.
Es gibt viele leckere Sachen zu essen und zu trinken.
Falls du nicht kommen kannst, sage mir bitte rechtzeitig Bescheid.
Nach der Feier fahren Dich meine Eltern nach Hause.
Mario

# Fehlerhafte Einladung – Lösung

**Hier haben sich viele Fehler eingeschlichen.**

**1. Markiere alles Falsche und Fehlende farbig.**

**2. Verbessere die Einladung und schreibe sie korrekt ab.**

*Ort, Datum*

Lieber Simon,
zu meiner Party nächste Woche lade ich dich sehr herzlich ein.
Die Feier beginnt am Nachmittag und dauert bis zum Abend.
⇕ Vielleicht kannst Du auch deine Lieblingscomputerspiele mitbringen.
Es gibt viele leckere Sachen zu essen und zu trinken.
⇕ Falls du nicht kommen kannst, sage mir bitte rechtzeitig Bescheid.
Nach der Feier fahren Dich meine Eltern nach Hause.
Dein Mario

*Ort, Datum*

*Lieber Simon,*

*zu meiner Party am … , den … lade ich dich sehr herzlich ein.*

*Die Feier beginnt um … Uhr und dauert bis … Uhr.*

*Es gibt viele leckere Sachen zu essen und zu trinken.*

*Vielleicht kannst du auch deine Lieblingscomputerspiele mitbringen.*

*Nach der Feier fahren dich meine Eltern nach Hause.*

*Falls du nicht kommen kannst, sage mir bitte bis … , den …*

*unter der Telefonnummer … Bescheid.*

*Dein Mario*

# Schreibaufgabe

**Mutter hat Judith und Andreas erlaubt, am Rosenmontag eine Faschingsparty von 14.00 bis 18.00 Uhr zu veranstalten und ihre besten Freundinnen und Freunde einzuladen. Judith und Andreas beschließen, Einladungen zu schreiben.**

**Verfasse eine Einladung, die alle wichtigen Informationen enthält und gestalte den Briefbogen ansprechend.**

**Kontrolliere zum Schluss deine Einladung.**

# Schreibkonferenz

Eine Schreibkonferenz hilft euch, eure Einladung noch besser zu gestalten.
Selbst Bestsellerautoren lesen und überarbeiten ihre Werke immer wieder, bevor sie diese veröffentlichen.
Dabei erhalten sie oft viele wertvolle Tipps von anderen.

Bildet für eure Schreibkonferenz eine Gruppe von höchstens drei bis vier Personen.
Vielleicht können sogar eure Textprodukte von eurer Lehrkraft in der entsprechenden Anzahl kopiert werden.

Führt anschließend eine Schreibkonferenz durch:

① Ein Gruppenmitglied liest seine Einladung laut vor.
Hört dem Leser aufmerksam zu!
Informiert den Autor über euren ersten Eindruck, dabei muss mindestens ein guter Punkt erwähnt werden!

② Während das Geschriebene ein zweites Mal langsam vorgelesen wird, macht euch stichpunktartig Notizen auf dem **Schreibkonferenzbogen – Einladung**.

③ Teilt eure Aufzeichnungen höflich der Schreiberin oder dem Schreiber mit.
Macht gemeinsam sinnvolle Verbesserungsvorschläge, die dem Autor wirklich helfen!

④ Nun ist der oder die Nächste an der Reihe, das Geschriebene vorzutragen.
Wiederholt diesen Vorgang so lange, bis jedes Gruppenmitglied sein Werk vorgestellt und Tipps erhalten hat. Dann verbessert eure Einladungen!

# Schreibkonferenzbogen – Einladung

**Name des Autors:** ______________________________

**Überschrift des Textes:** ______________________________

| | ☺ | ☹ | Verbesserungsvorschlag |
|---|---|---|---|
| 1. Hat die Einladung folgenden Aufbau?<br>a) Ort, Datum, Anrede | | | |
| b) Anlass/Grund der Feier | | | |
| c) Ort, Zeitpunkt und Dauer der Party | | | |
| d) Ablauf der Feier, Grußformel | | | |
| 2. Wurden alle Anredefürwörter einheitlich geschrieben? | | | |
| 3. Gibt es Wortwiederholungen? | | | |
| 4. Sind die Satzanfänge abwechslungsreich? | | | |
| 5. Wurde die Einladung ansprechend gestaltet (Absätze, leserliche Schrift, Bilder etc.)? | | | |

______________________ ______________________________

Datum Unterschrift des Schreibkonferenzmitglieds

# Unfall in der Schule

**In der Schule passierte ein Unfall:**

**Elke erzählt zu Hause ihrer Mutter von Evas Unfall.**

„Eva, die kleine Schwester von Ulla, du weißt schon, die in die 6 b geht, hatte vorgestern einen Unfall. Am Ende der kleinen Pause ist sie direkt vor dem Klassenzimmer irgendwie über Ullas Bein gestolpert. Der Uwe lehnt aber auch immer so lässig am Türrahmen und meint, er sei so cool. Eva hat wahrscheinlich sein Bein nicht gesehen und fiel hin. Dabei hat sie sich eine Schürfwunde am linken Knie zugezogen. Weinend saß Eva am Boden. Anstatt ihr zu helfen, stand Uwe nur da und grinste unverschämt. Dann kam auch schon Herr Huber, Evas Klassenleiter, und rief den Hausarzt. Eva wurde ins Krankenhaus eingeliefert, weil die Wunde genäht werden musste."

1. **In Elkes Erzählung haben sich einige Fehler eingeschlichen. Unterstreiche sie und verbessere sie am Rand.**

2. **Ein Bericht darf keine persönliche Meinung und keine erzählenden Elemente aufweisen. Streiche alle unwichtigen und unbrauchbaren Angaben durch.**

# Unfall in der Schule – Lösung

**In der Schule passierte ein Unfall:**

**Elke erzählt zu Hause ihrer Mutter von Evas Unfall.**

| | |
|---|---|
| „Eva, ~~die kleine Schwester von Ulla, du weißt schon,~~ die in die 6 b | *5* |
| geht, hatte vorgestern einen Unfall. Am Ende der kleinen Pause ist sie | *gestern großen* |
| direkt vor dem Klassenzimmer ~~irgendwie~~ über Ullas Bein gestolpert. | *Uwes* |
| ~~Der Uwe lehnt aber auch immer so lässig am Türrahmen und meint,~~ | |
| ~~er sei so cool.~~ Eva ~~hat wahrscheinlich sein Bein nicht gesehen und~~ fiel | |
| hin. Dabei hat sie sich eine Schürfwunde am linken Knie zugezogen. | *Platzwunde rechten* |
| ~~Weinend saß Eva am Boden. Anstatt ihr zu helfen, stand Uwe nur da~~ | |
| ~~und grinste unverschämt. Dann kam auch schon~~ Herr Huber, Evas | |
| Klassenleiter, ~~und~~ rief den Hausarzt. Eva wurde ins Krankenhaus ein- | *Notarzt* |
| geliefert, weil die Wunde genäht werden musste." | |

**1. In Elkes Erzählung haben sich einige Fehler eingeschlichen. Unterstreiche sie und verbessere sie am Rand.**

**2. Ein Bericht darf keine persönliche Meinung und keine erzählenden Elemente aufweisen. Streiche alle unwichtigen und unbrauchbaren Angaben durch.**

# Auto streift Radfahrerin

*Passau.* Eine 40-jährige Hausfrau aus Passau hat mit ihrem Pkw am Mittwoch um 7.15 Uhr in der Bahnhofstraße auf der Höhe eines Einkaufmarkts eine 11-jährige Radfahrerin aus Unachtsamkeit gestreift. Dabei stürzte das Mädchen, das auf dem Weg zur Schule war. Sie zog sich eine Schürfwunde am rechten Knie zu und wurde ambulant im Klinikum behandelt. An den Fahrzeugen entstand geringer Sachschaden.

**Ein Bericht informiert sachlich, kurz und in einer richtigen zeitlichen Reihenfolge über ein Geschehen.**

**Unterstreiche**

- blau: Wer am Unfall beteiligt war!
- gelb: Wann sich der Unfall ereignete!
- grün: Wo der Vorfall passierte!
- orange: Was geschehen ist!
- schwarz: Wie bzw. warum es dazu kam!
- violett: Welche Folgen der Unfall hatte!

# Auto streift Radfahrerin – Lösung

*Passau.* Eine 40-jährige Hausfrau aus Passau hat mit ihrem Pkw am Mittwoch um 7.15 Uhr in der Bahnhofstraße auf der Höhe eines Einkaufmarkts eine 11-jährige Radfahrerin aus Unachtsamkeit gestreift. Dabei stürzte das Mädchen, das auf dem Weg zur Schule war. Sie zog sich eine Schürfwunde am rechten Knie zu und wurde ambulant im Klinikum behandelt. An den Fahrzeugen entstand geringer Sachschaden.

**Ein Bericht informiert sachlich, kurz und in einer richtigen zeitlichen Reihenfolge über ein Geschehen.**

**Unterstreiche**

- blau: Wer am Unfall beteiligt war!
- gelb: Wann sich der Unfall ereignete!
- grün: Wo der Vorfall passierte!
- orange: Was geschehen ist!
- schwarz: Wie bzw. warum es dazu kam!
- violett: Welche Folgen der Unfall hatte!

# Berichtswirrwarr

**Hier ist einiges durcheinender geraten.**
**Bringe den Unfallbericht in eine sinnvolle Reihenfolge.**

Der nachfolgende Kleinlastwagen erkannte dies zu spät und fuhr trotz einer Vollbremsung auf das stehende Fahrzeug auf.

Die Insassen beider Fahrzeuge blieben unverletzt.

Unfall: Mann leicht verletzt

Der Pkw wurde nach vorne geschoben und erfasste einen Fußgänger, der gerade die Straße überqueren wollte.

Gestern Morgen gegen 7.45 Uhr musste in der Ludwigstraße in Burgberg ein 23-jähriger Pkw-Fahrer an einer Fußgängerampel halten.

Nach Schätzung der Polizei entstand ein Sachschaden von 3 000 Euro.

Der Fußgänger erlitt dabei Prellungen.

# Berichtswirrwarr – Lösung

**Hier ist einiges durcheinender geraten.**
**Bringe den Unfallbericht in eine sinnvolle Reihenfolge.**

| | |
|---|---|
| 3 | Der nachfolgende Kleinlastwagen erkannte dies zu spät und fuhr trotz einer Vollbremsung auf das stehende Fahrzeug auf. |
| 6 | Die Insassen beider Fahrzeuge blieben unverletzt. |
| 1 | Unfall: Mann leicht verletzt |
| 4 | Der Pkw wurde nach vorne geschoben und erfasste einen Fußgänger, der gerade die Straße überqueren wollte. |
| 2 | Gestern Morgen gegen 7.45 Uhr musste in der Ludwigstraße in Burgberg ein 23-jähriger Pkw-Fahrer an einer Fußgängerampel halten. |
| 7 | Nach Schätzung der Polizei entstand ein Sachschaden von 3 000 Euro. |
| 5 | Der Fußgänger erlitt dabei Prellungen. |

# Zeitungsberichte beurteilen

1. **Suche in der Tageszeitung einen Bericht z. B. über einen Unfall, ein Sportereignis, eine Veranstaltung etc.**

2. **Schneide den Bericht aus und klebe ihn auf.**

3. **Lassen sich folgende W-Fragen beantworten?**

| | ja | nein |
|---|---|---|
| **W**er war beteiligt? | | |
| **W**ann fand das Ereignis statt? | | |
| **W**o ist es gewesen? | | |
| **W**as geschah? | | |
| **W**ie/**W**arum kam es dazu? | | |

4. **Unterstreiche die Antwort auf die Fragen verschieden farbig im Zeitungsartikel.**

# Schreibaufgabe

① 70-jähriger Mann, überquert Straße, Eisglätte, ausgerutscht, stürzt auf Straße

② vor Café Meier in der Sonnenstraße

③ am Montag, um 17.30 Uhr

④ Pkw-Fahrer, ausweichen, prallt gegen Laterne

⑤ älterer Herr: gebrochenes Bein
Autofahrer: Schock

**Schreibe mithilfe dieser Angaben einen Unfallbericht.**

**Formuliere ganze Sätze.**

**Wenn du dir unsicher bist, schlage in deinem Aufsatzheft nach.**

**Hinweis: Du kannst auch mit Angabe 2 oder 3 beginnen.**

**Kontrolliere zum Schluss, ob dein Bericht alle obigen Angaben enthält.**

# Schreibkonferenz

Eine Schreibkonferenz hilft euch, eure Berichte noch besser zu gestalten.
Selbst Bestsellerautoren lesen und überarbeiten ihre Werke immer wieder, bevor sie diese veröffentlichen.
Dabei erhalten sie oft viele wertvolle Tipps von anderen.

Bildet für eure Schreibkonferenz eine Gruppe von höchstens drei bis vier Personen. Vielleicht können sogar eure Textprodukte von eurer Lehrkraft in der entsprechenden Anzahl kopiert werden.

Führt anschließend eine Schreibkonferenz durch:

① Ein Gruppenmitglied liest seinen Bericht laut vor.
Hört dem Leser aufmerksam zu!
Informiert den Autor über euren ersten Eindruck, dabei muss mindestens ein guter Punkt erwähnt werden!

② Während das Geschriebene ein zweites Mal langsam vorgelesen wird, macht euch stichpunktartig Notizen auf dem **Schreibkonferenzbogen – Bericht**.

③ Teilt eure Aufzeichnungen höflich der Schreiberin oder dem Schreiber mit. Macht gemeinsam sinnvolle Verbesserungsvorschläge, die dem Autor wirklich helfen!

④ Nun ist der oder die Nächste an der Reihe, das Geschriebene vorzutragen. Wiederholt diesen Vorgang so lange, bis jedes Gruppenmitglied sein Werk vorgestellt und Tipps erhalten hat. Dann verbessert eure Berichte!

# Schreibkonferenzbogen – Bericht

**Name des Autors:** ______________________________

**Überschrift des Textes:** ______________________________

| | ☺ | ☹ | Verbesserungsvorschlag |
|---|---|---|---|
| **Wurde geschrieben,**<br>**– wer am Unfall beteiligt war?** | | | |
| **– wann sich der Unfall ereignete?** | | | |
| **– wo der Unfall passierte?** | | | |
| **– was geschehen ist?** | | | |
| **– wie bzw. warum es dazu kam?** | | | |
| **– welche Folgen der Unfall hatte?** | | | |

Datum

Unterschrift des Schreibkonferenzmitglieds

# Unfall in der Schule

**In der Schule passierte ein Unfall:**

**Elke erzählt zu Hause ihrer Mutter von Evas Unfall.**

„Eva, die kleine Schwester von Ulla, du weißt schon, die in die 5 b geht, hatte gestern einen Unfall. Am Ende der großen Pause ist sie direkt vor dem Klassenzimmer irgendwie über Uwes Bein gestolpert. Der Uwe lehnt aber auch immer so lässig am Türrahmen und meint, er sei so cool. Eva hat wahrscheinlich sein Bein nicht gesehen und fiel hin. Dabei hat sie sich eine Platzwunde am rechten Knie zugezogen. Weinend saß Eva am Boden. Anstatt ihr zu helfen, stand Uwe nur da und grinste unverschämt. Dann kam auch schon Herr Huber, Evas Klassenleiter, und rief den Notarzt. Eva wurde ins Krankenhaus eingeliefert, weil die Wunde genäht werden musste."

1. **Alle Angaben kann man erfragen. Trage das entsprechende Fragewort an der passenden Stelle ein.**

2. **Einige Aussagen dürfen in einem Bericht auf keinen Fall stehen. Erkennst du sie? Streiche sie durch.**

# Unfall in der Schule – Lösung

**In der Schule passierte ein Unfall:**

**Elke erzählt zu Hause ihrer Mutter von Evas Unfall.**

| | |
|---|---|
| „Eva, ~~die kleine Schwester von Ulla, du weißt schon~~, die in die 5 b | *Wer?* |
| geht, hatte gestern einen Unfall. Am Ende der großen Pause ist sie | *Wann?* |
| ~~direkt~~ vor dem Klassenzimmer ~~irgendwie~~ über Uwes Bein gestolpert. | *Wo? Wie?* |
| ~~Der Uwe lehnt aber auch immer so lässig am Türrahmen und meint,~~ | |
| ~~er sei so cool.~~ Eva ~~hat wahrscheinlich sein Bein nicht gesehen und~~ fiel | |
| hin. Dabei hat sie sich eine Platzwunde am rechten Knie zugezogen. | *Was?* |
| ~~Weinend saß Eva am Boden. Anstatt ihr zu helfen, stand Uwe nur da~~ | |
| ~~und grinste unverschämt. Dann kam auch schon~~ Herr Huber, Evas | |
| Klassenleiter, ~~und~~ rief den Notarzt. Eva wurde ins Krankenhaus ein- | *Welche Folgen?* |
| geliefert, weil die Wunde genäht werden musste." | |

1. **Alle Angaben kann man erfragen. Trage das entsprechende Fragewort an der passenden Stelle ein.**
2. **Einige Aussagen dürfen in einem Bericht auf keinen Fall stehen. Erkennst du sie? Streiche sie durch.**

# Zusammenstoß beim Abbiegen

Am Dienstagabend ereignete sich gegen 20 Uhr am Ortseingang von Herzbach ein Unfall. Der Fahrer eines Lieferwagens übersah beim Abbiegen den vorfahrtsberechtigten Pkw einer Frau aus dem Gemeindebereich Buch. Beide Fahrzeuge stießen mit solcher Wucht zusammen, dass das Auto umstürzte. Die Fahrzeuglenker kamen mit dem Schrecken davon. Der Sachschaden wurde mit mehreren tausend Euro beziffert.

**1. In einem Bericht müssen folgende Fragen beantwortet sein. Ergänze die fehlenden Fragewörter.**

- ▹ ______________ war am Unfall beteiligt?
- ▹ ______________ ereignete sich der Unfall?
- ▹ ______________ passierte der Vorfall?
- ▹ ______________ ist geschehen?
- ▹ ______________ kam es dazu?
- ▹ ______________ Folgen hatte der Unfall?

**2. Unterstreiche die Angaben zu den Personen blau, den Zeitpunkt gelb, den Ort des Geschehens grün, den Vorfall selbst orange, die Unfallursache schwarz und die Folgen violett.**

# Zusammenstoß beim Abbiegen – Lösung

Am Dienstagabend ereignete sich gegen 20 Uhr am Ortseingang von Herzbach ein Unfall. Der Fahrer eines Lieferwagens übersah beim Abbiegen den vorfahrtsberechtigten Pkw einer Frau aus dem Gemeindebereich Buch. Beide Fahrzeuge stießen mit solcher Wucht zusammen, dass das Auto umstürzte. Die Fahrzeuglenker kamen mit dem Schrecken davon. Der Sachschaden wurde mit mehreren tausend Euro beziffert.

**1. In einem Bericht müssen folgende Fragen beantwortet sein. Ergänze die fehlenden Fragewörter.**

- *Wer* war am Unfall beteiligt?
- *Wo* ereignete sich der Unfall?
- *Wann* passierte der Vorfall?
- *Was* ist geschehen?
- *Wie/Warum* kam es dazu?
- *Welche* Folgen hatte der Unfall?

**2. Unterstreiche die Angaben zu den Personen blau, den Zeitpunkt gelb, den Ort des Geschehens grün, den Vorfall selbst orange, die Unfallursache schwarz und die Folgen violett.**

# Computervirus verursacht Chaos

**Ein Computervirus verursachte ein Chaos in der Zeitungsredaktion. Alle Artikel wurden verschoben und durcheinender gewirbelt. Kannst du helfen, dieses Durcheinander zu entflechten und die beiden Originalberichte wiederherzustellen?**

Ein Geisterfahrer hat die Polizei am Sonntagabend auf der Autobahn bei München in Atem gehalten. Der junge Mann fuhr in Richtung München, als er in einer Linkskurve ins Schleudern kam. Auto überschlägt sich. Laut Polizei sei sich der Mann seines Fehlverhaltens nicht bewusst gewesen. Viel zu schnell unterwegs war ein 17-jähriger Autofahrer am vergangenen Samstagabend gegen 19.20 Uhr auf der B 12. Auf seiner 30 Kilometer langen Irrfahrt verursachte er zwei Unfälle, bei denen drei Menschen leicht verletzt wurden. Wie die Polizei mitteilt, überschlug sich der Wagen und blieb auf dem Dach im Straßengraben liegen. Fünf Streifenwagen und ein Helikopter waren im Einsatz, um den Falschfahrer aus dem Landkreis Rosenheim zu stoppen. Der angegurtete Fahrer konnte sich selbst unverletzt aus dem Fahrzeug befreien. 86-jähriger Geisterfahrer verursacht zwei Unfälle.

**Bericht 1** **Bericht 2**

# Computervirus verursacht Chaos – Lösung

**Ein Computervirus verursachte ein Chaos in der Zeitungsredaktion.
Alle Artikel wurden verschoben und durcheinender gewirbelt.
Kannst du helfen, dieses Durcheinander zu entflechten
und die beiden Originalberichte wiederherzustellen?**

Ein Geisterfahrer hat die Polizei am Sonntagabend auf der Autobahn bei München in Atem gehalten. Der junge Mann fuhr in Richtung München, als er in einer Linkskurve ins Schleudern kam. Auto überschlägt sich. Laut Polizei sei sich der Mann seines Fehlverhaltens nicht bewusst gewesen. Viel zu schnell unterwegs war ein 17-jähriger Autofahrer am vergangenen Samstagabend gegen 19.20 Uhr auf der B 12. Auf seiner 30 Kilometer langen Irrfahrt verursachte er zwei Unfälle, bei denen drei Menschen leicht verletzt wurden. Wie die Polizei mitteilt, überschlug sich der Wagen und blieb auf dem Dach im Straßengraben liegen. Fünf Streifenwagen und ein Helikopter waren im Einsatz, um den Falschfahrer aus dem Landkreis Rosenheim zu stoppen. Der angegurtete Fahrer konnte sich selbst unverletzt aus dem Fahrzeug befreien. 86-jähriger Geisterfahrer verursacht zwei Unfälle.

## Bericht 1

*86-jähriger Geisterfahrer verursacht zwei Unfälle*

*Ein Geisterfahrer hat die Polizei am Sonntagabend auf der Autobahn bei München in Atem gehalten. Auf seiner 30 Kilometer langen Irrfahrt verursachte er zwei Unfälle bei denen drei Menschen leicht verletzt wurden. Fünf Streifenwagen und ein Helikopter waren im Einsatz, um den Falschfahrer aus dem Landkreis Rosenheim zu stoppen. Laut Polizei sei sich der Mann seines Fehlverhaltens nicht bewusst gewesen.*

## Bericht 2

*Auto überschlägt sich*

*Viel zu schnell unterwegs war ein 17-jähriger Autofahrer am vergangenen Samstagabend gegen 19.20 Uhr auf der B 12. Der junge Mann fuhr in Richtung München, als er in einer Linkskurve ins Schleudern kam. Wie die Polizei mitteilt, überschlug sich der Wagen und blieb auf dem Dach im Straßengraben liegen. Der angegurtete Fahrer konnte sich unverletzt aus dem Fahrzeug befreien.*

# Zeitungsberichte beurteilen

1. **Suche in der Tageszeitung einen Bericht z. B über einen Unfall, ein Sportereignis, eine Veranstaltung etc.**

2. **Schneide den Bericht aus und klebe ihn auf.**

3. **Stelle Fragen an den Artikel und beantworte sie stichpunktartig.**

# Schreibaufgabe

① ältere Dame: Prellungen
Autofahrer: leichte Verletzungen und Schock

② 82-jährige Frau, überquert Straße, stolpert, stürzt auf Straße

③ Pkw-Fahrer, ausweichen, prallt gegen Laterne

④ auf der Höhe einer Apotheke in der Webergasse

⑤ Sachschaden an Auto und Laterne insgesamt 8 500 Euro

⑥ am Donnerstag, um 10.45 Uhr

**Schreibe mithilfe dieser Angaben einen Unfallbericht.**

**Formuliere ganze Sätze.**

**Achte auf eine sinnvolle chronologische Reihenfolge des Geschehens.**

**Kontrolliere zum Schluss, ob dein Bericht alle obigen Angaben enthält.**

# Schreibkonferenz

Eine Schreibkonferenz hilft euch, eure Berichte noch besser zu gestalten.
Selbst Bestsellerautoren lesen und überarbeiten ihre Werke immer wieder, bevor sie diese veröffentlichen.
Dabei erhalten sie oft viele wertvolle Tipps von anderen.

Bildet für eure Schreibkonferenz eine Gruppe von höchstens drei bis vier Personen. Vielleicht können sogar eure Textprodukte von eurer Lehrkraft in der entsprechenden Anzahl kopiert werden.

Führt anschließend eine Schreibkonferenz durch:

① Ein Gruppenmitglied liest seinen Bericht laut vor.
Hört dem Leser aufmerksam zu!
Informiert den Autor über euren ersten Eindruck, dabei muss mindestens ein guter Punkt erwähnt werden!

② Während das Geschriebene ein zweites Mal langsam vorgelesen wird, macht euch stichpunktartig Notizen auf dem **Schreibkonferenzbogen – Bericht**.

③ Teilt eure Aufzeichnungen höflich der Schreiberin oder dem Schreiber mit. Macht gemeinsam sinnvolle Verbesserungsvorschläge, die dem Autor wirklich helfen!

④ Nun ist der oder die Nächste an der Reihe, das Geschriebene vorzutragen. Wiederholt diesen Vorgang so lange, bis jedes Gruppenmitglied sein Werk vorgestellt und Tipps erhalten hat. Dann verbessert eure Berichte!

# Schreibkonferenzbogen – Bericht

**Name des Autors:** ______________________

**Überschrift des Textes:** ______________________

| | ☺ | ☹ | Verbesserungsvorschlag |
|---|---|---|---|
| 1. Wurde geschrieben,<br>– wer am Unfall beteiligt war? | | | |
| – wann sich der Unfall ereignete? | | | |
| – wo der Unfall passierte? | | | |
| – was geschehen ist? | | | |
| – wie bzw. warum es dazu kam? | | | |
| – welche Folgen der Unfall hatte? | | | |
| 2. Sind Wortwiederholungen vermieden worden? | | | |
| 3. Gibt es abwechslungsreiche Satzanfänge? | | | |

Datum

Unterschrift des Schreibkonferenzmitglieds

# Unfall in der Pause

**In der Schule passierte ein Unfall:**

**Sven erzählt zu Hause von Bens Unfall.**

„Ben, der große Bruder von Ulla, du weißt schon, der in die 6 b geht, hatte am Montag einen Unfall. Am Ende der kleinen Pause ist er direkt vor dem Eingang irgendwie über Ullas Beine gestolpert. Der Ben trägt aber auch immer so weite Hosen und meint, er sei so toll. Wahrscheinlich ist er auf ein Hosenbein getreten und ist deshalb hingefallen. Dabei hat er sich eine Schürfwunde am linken Knie zugezogen und sich den Arm gebrochen. Anstatt ihm zu helfen, standen seine Klassenkameraden nur da und grinsten. Dann kam auch schon Herr Wagner, der Aufsicht hatte, und rief den Hausarzt. Ben wurde ins Krankenhaus eingeliefert, weil die Wunden versorgt werden mussten."

**Verbessere den Bericht, indem du Aussagen, die auf keinen Fall in einem Bericht stehen dürfen, weglässt und falsche Informationen verbesserst.**

# Unfall in der Pause – Lösung

**In der Schule passierte ein Unfall:**

**Vorschlag:**

*Am Mittwoch ereignete sich am Ende der großen Pause ein Unfall. Ben, ein Schüler der Klasse 7 a, stolperte an der Treppe über seine eigenen Beine. Dabei zog er sich eine Platzwunde am rechten Arm zu und brach sich den linken Fuß. Ein Lehrer verständigte den Notarzt und den Krankenwagen. Im Krankenhaus wurden seine Wunden versorgt.*

# Auto kracht in Gegenverkehr

*Passau.* Ein 58-jähriger Mann aus dem nördlichen Landkreis Passau geriet aufgrund von überhöhter Geschwindigkeit mit seinem Auto am Sonntag gegen 19.50 Uhr auf der B 12 auf die Gegenfahrbahn und krachte in einen entgegenkommenden Pkw. Darin saß ein 34-Jähriger aus dem Stadtgebiet. Wie die Polizei mitteilt, wurden bei dem Unfall beide Fahrzeuglenker leicht verletzt. An den Autos entstand ein Sachschaden von rund 10 000 Euro.

**Welche Fragen muss ein Bericht beantworten?**
**Stelle Fragen an den Text und unterstreiche die Antworten verschieden farbig.**

# Auto kracht in Gegenverkehr – Lösung

*Passau.* Ein 58-jähriger Mann aus dem nördlichen Landkreis Passau geriet aufgrund von überhöhter Geschwindigkeit mit seinem Auto am Sonntag gegen 19.50 Uhr auf der B 12 auf die Gegenfahrbahn und krachte in einen entgegenkommenden Pkw. Darin saß ein 34-Jähriger aus dem Stadtgebiet. Wie die Polizei mitteilt, wurden bei dem Unfall beide Fahrzeuglenker leicht verletzt. An den Autos entstand ein Sachschaden von rund 10 000 Euro.

**Welche Fragen muss ein Bericht beantworten?**
**Stelle Fragen an den Text und unterstreiche die Antworten verschieden farbig.**

- Wer war am Unfall beteiligt?
- Wann ereignete sich der Unfall?
- Wo ist der Unfall passiert?
- Was ist geschehen?
- Wie und warum kam es zum Unfall?
- Welche Folgen hatte der Unfall?

# Zeitungsberichte beurteilen

1. **Suche in der Tageszeitung einen Bericht z. B. über einen Unfall, ein Sportereignis, eine Veranstaltung etc. und klebe ihn auf.**

2. **Formuliere Fragen an den Artikel und beantworte sie kurz. Gibt es Fragen, die offen bleiben?**

# Schreibaufgabe

① 69-jährige Frau, Prellungen

② Pkw-Fahrer, ausweichen, Schock

③ Sachschaden 7 500 Euro

**Schreibe unter Verwendung dieser Angaben einen Unfallbericht.**

**Ergänze fehlende Informationen.**

**Achte darauf, dass das Geschehen sinnvoll und chronologisch dargestellt wird.**

**Kontrolliere zum Schluss, ob dein Bericht alle Angaben enthält.**

# Schreibkonferenz

Eine Schreibkonferenz hilft euch, eure Berichte noch besser zu gestalten. Selbst Bestsellerautoren lesen und überarbeiten ihre Werke immer wieder, bevor sie diese veröffentlichen. Dabei erhalten sie oft viele wertvolle Tipps von anderen.

Bildet für eure Schreibkonferenz eine Gruppe von höchstens drei bis vier Personen. Vielleicht können sogar eure Textprodukte von eurer Lehrkraft in der entsprechenden Anzahl kopiert werden.

Führt anschließend eine Schreibkonferenz durch:

① Ein Gruppenmitglied liest seinen Bericht laut vor. Hört dem Leser aufmerksam zu! Informiert den Autor über euren ersten Eindruck, dabei muss mindestens ein guter Punkt erwähnt werden!

② Während das Geschriebene ein zweites Mal langsam vorgelesen wird, macht euch stichpunktartig Notizen auf dem **Schreibkonferenzbogen – Bericht**.

③ Teilt eure Aufzeichnungen höflich der Schreiberin oder dem Schreiber mit. Macht gemeinsam sinnvolle Verbesserungsvorschläge, die dem Autor wirklich helfen!

④ Nun ist der oder die Nächste an der Reihe, das Geschriebene vorzutragen. Wiederholt diesen Vorgang so lange, bis jedes Gruppenmitglied sein Werk vorgestellt und Tipps erhalten hat. Dann verbessert eure Berichte!

# Schreibkonferenzbogen – Bericht

**Name des Autors:** ______________________________

**Überschrift des Textes:** ______________________________

| | ☺ | ☹ | Verbesserungsvorschlag |
|---|---|---|---|
| **1. Wurde Folgendes beantwortet?**<br>**– Wo und wann geschah der Unfall?** | | | |
| **– Wer bzw. was war beteiligt?** | | | |
| **– Was geschah wie und mit welchen Folgen?** | | | |
| **2. Ist die Reihenfolge der Informationen sinnvoll?** | | | |
| **3. Enthält der Bericht persönliche Stellungnahmen wie Meinung, wörtliche Rede, Vermutungen?** | | | |
| **4. Gibt es abwechslungsreiche Satzanfänge? Sind Wortwiederholungen vermieden worden?** | | | |

Datum ______________________

Unterschrift des Schreibkonferenzmitglieds ______________________

# Wie fertigt man eine Maske aus Gips?

**1. Die Bastelanleitung ist kunterbunt durcheinander geraten. Ordne die folgenden Stichpunkte, sodass ein sinnvoller Ablauf entsteht.**

| | |
|---|---|
| | Verschieden breite und lange Stücke aus den Gipsbinden schneiden.<br>Ca. 40 Zentimeter für Nachbesserungen beiseite legen.<br>Mit Papiertaschentüchern Augen und Augenbrauen abdecken. |
| | Für die Faschingsparty, als Wandschmuck oder als persönliches Geschenk. |
| | Ein bis zwei Gipsbinden, Vaseline, Frischhaltefolie, Papiertaschentücher |
| | Gesicht dick mit Vaseline eincremen.<br>Haaransatz mit Frischhaltefolie abdecken.<br>Altes Handtuch um die Schultern legen.<br>Gipsbindenstücke kurz in Wasser tauchen, abtropfen lassen,<br>sofort aufs Gesicht legen und glatt streichen.<br>Die Streifen müssen sich ca. einen Zentimeter überlappen.<br>Das ganze Gesicht auf diese Art eingipsen.<br>Nur Augen, Mund und Nasenlöcher freilassen. |
| | Eine Schere, eine Wasserschale und ein altes Handtuch |
| | Mit den restlichen Gipsbinden evtl. Gesichtszüge nachbessern.<br>Fertige Maske etwa 30 Minuten liegen lassen.<br>Unebenheiten mit feinem Schmirgelpapier ebnen.<br>Maske mit Farben bemalen oder mit Federn und Pailletten bekleben. |
| | Verschiedene Schichten auftragen.<br>Vor allem den Rand gut verstärken.<br>Maske 10 Minuten trocknen lassen.<br>Den Rand vorsichtig lösen.<br>Maske langsam vom Gesicht nehmen. |

**2. Das Aufbauschema hilft dir dabei, die Vorgangsbeschreibung zu gliedern. Ergänze die fehlenden Nummern.**

| Aufbauschema einer Vorgangsbeschreibung | |
|---|---|
| **Einleitung**<br>benötigtes Material | Nr.: ____________ |
| **Hauptteil** | Nr.: ____________ |
| **Schluss**<br>Verwendungszweck | Nr.: ____________ |

# Wie fertigt man eine Maske aus Gips? – Lösung

**1. Die Bastelanleitung ist kunterbunt durcheinander geraten. Ordne die folgenden Stichpunkte, sodass ein sinnvoller Ablauf entsteht.**

| | |
|---|---|
| *3* | Verschieden breite und lange Stücke aus den Gipsbinden schneiden.<br>Ca. 40 Zentimeter für Nachbesserungen beiseite legen.<br>Mit Papiertaschentüchern Augen und Augenbrauen abdecken. |
| *7* | Für die Faschingsparty, als Wandschmuck oder als persönliches Geschenk. |
| *1* | Ein bis zwei Gipsbinden, Vaseline, Frischhaltefolie, Papiertaschentücher |
| *4* | Gesicht dick mit Vaseline eincremen.<br>Haaransatz mit Frischhaltefolie abdecken.<br>Altes Handtuch um die Schultern legen.<br>Gipsbindenstücke kurz in Wasser tauchen, abtropfen lassen,<br>sofort aufs Gesicht legen und glatt streichen.<br>Die Streifen müssen sich ca. einen Zentimeter überlappen.<br>Das ganze Gesicht auf diese Art eingipsen.<br>Nur Augen, Mund und Nasenlöcher freilassen. |
| *2* | Eine Schere, eine Wasserschale und ein altes Handtuch |
| *6* | Mit den restlichen Gipsbinden evtl. Gesichtszüge nachbessern.<br>Fertige Maske etwa 30 Minuten liegen lassen.<br>Unebenheiten mit feinem Schmirgelpapier ebnen.<br>Maske mit Farben bemalen oder mit Federn und Pailletten bekleben. |
| *5* | Verschiedene Schichten auftragen.<br>Vor allem den Rand gut verstärken.<br>Maske 10 Minuten trocknen lassen.<br>Den Rand vorsichtig lösen.<br>Maske langsam vom Gesicht nehmen. |

**2. Das Aufbauschema hilft dir dabei, die Vorgangsbeschreibung zu gliedern. Ergänze die fehlenden Nummern.**

| **Aufbauschema einer Vorgangsbeschreibung** | |
|---|---|
| **Einleitung**<br>benötigtes Material | Nr.: *1, 2* |
| **Hauptteil** | Nr.: *3, 4, 5, 6* |
| **Schluss**<br>Verwendungszweck | Nr.: *7* |

# Servietten falten

**Verbinde die Zeichnung mit der richtigen Beschreibung.**

①

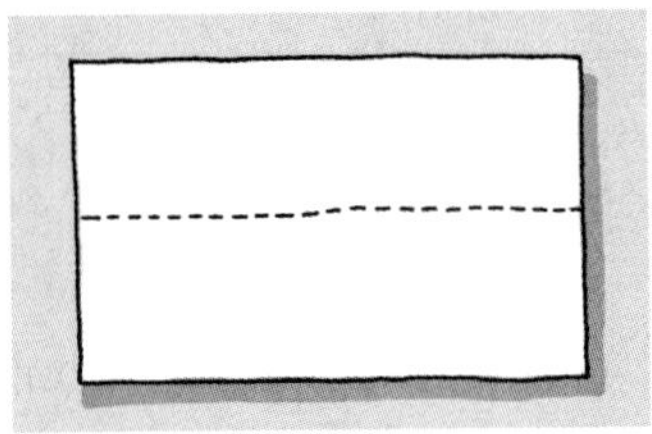

Die rechte und die linke Seite des Dreiecks wieder zur Mitte falten.

②

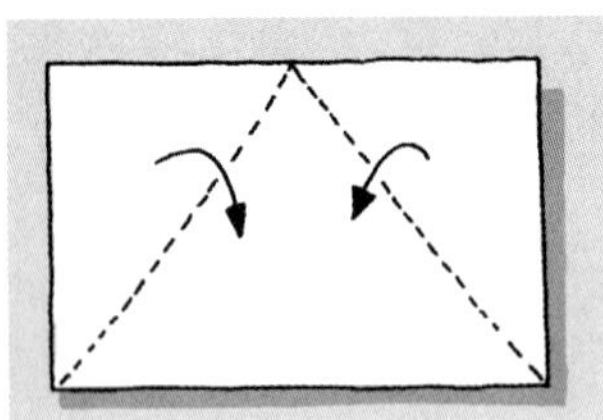

Die beiden Seiten des Dreiecks entlang der Mittellinie leicht nach vorne biegen.

③

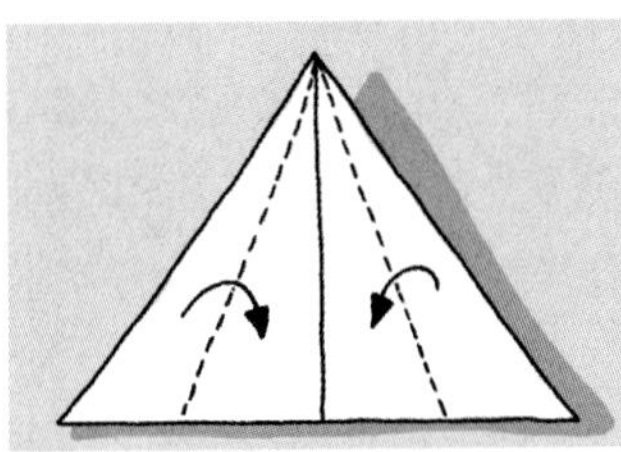

Papierservietten auseinanderbreiten und einmal sauber in der Mitte falten, sodass ein Rechteck entsteht.

④

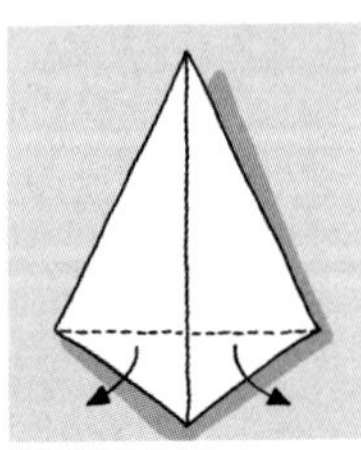

Die fertige Serviette auf einen Teller stellen.

⑤

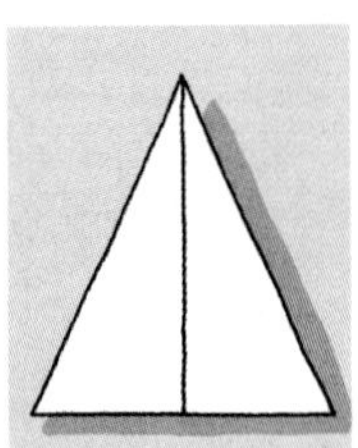

Die rechte und die linke obere Ecke des Rechtecks zur unteren Mitte hin einschlagen.

⑥

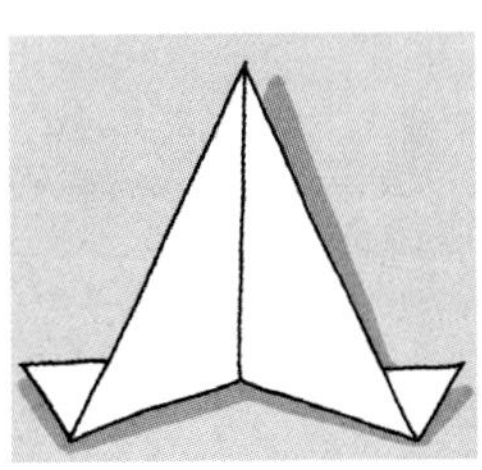

Die unteren Ecken, die überstehen, nach hinten knicken.

# Servietten falten – Lösung

**Verbinde die Zeichnung mit der richtigen Beschreibung.**

①
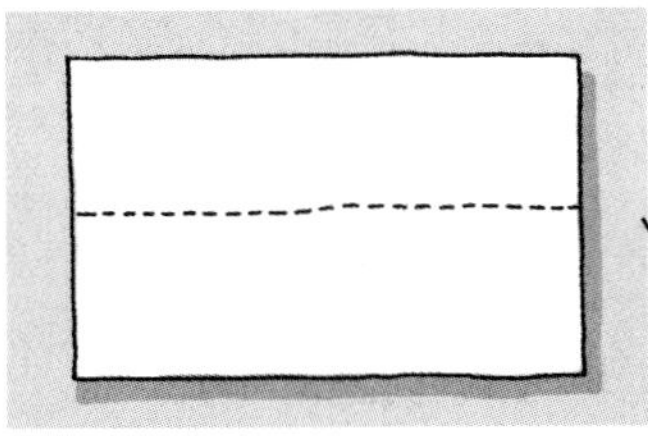

②
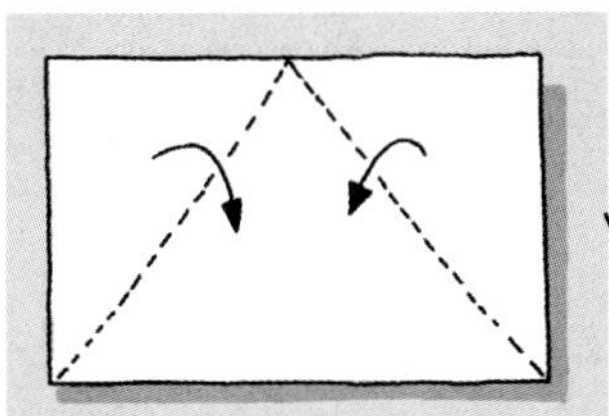

③
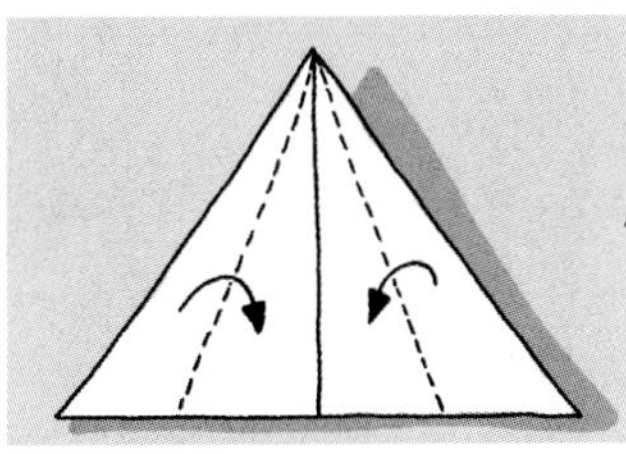

④
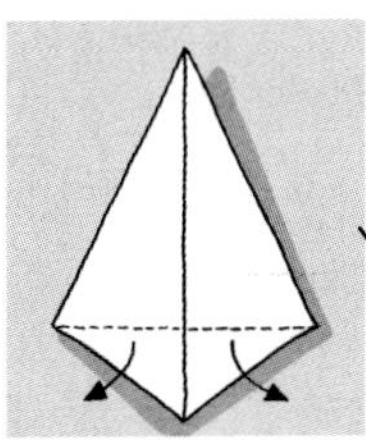

⑤
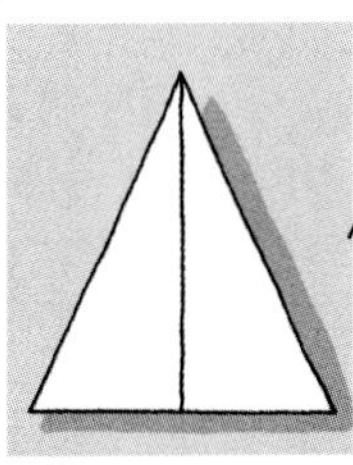

⑥
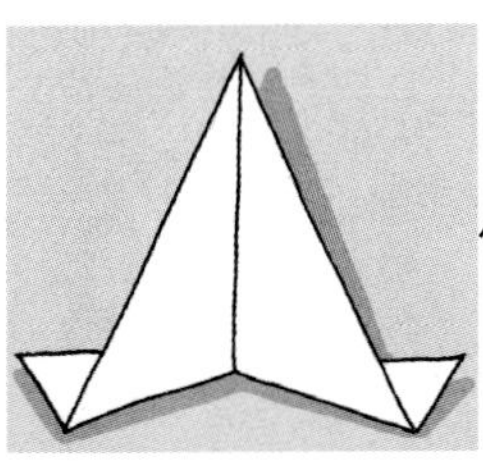

Die rechte und die linke Seite des Dreiecks wieder zur Mitte falten.

Die beiden Seiten des Dreiecks entlang der Mittellinie leicht nach vorne biegen.

Papierservietten auseinanderbreiten und einmal sauber in der Mitte falten, sodass ein Rechteck entsteht.

Die fertige Serviette auf einen Teller stellen.

Die rechte und die linke obere Ecke des Rechtecks zur unteren Mitte hin einschlagen.

Die unteren Ecken, die überstehen, nach hinten knicken.

# Herstellung eines Zuckerrübensirups

**Theresa hat im Kochbuch ihrer Oma folgendes Rezept zur Herstellung eines Zuckerrübensirups gefunden:**

Für die Herstellung eines Zuckerrübensirups werden zwanzig Kilogramm Zuckerrü
ben, Wasser, eine Bürste, ein Messer, ein Gemüsehobel, mehrere verschieden große
Kochtöpfe, ein Kochlöffel, ein Metallsieb, eine Schüssel und zwei Gläser benötigt.
Die Zuckerrüben unter fließendem Wasser mit einer Bürste waschen und gründlich
putzen. Dabei die Rüben von allen schlechten Stellen, kleinen Wurzeln und dem
Blattansatz befreien. Anschließend schneidet man sie feinblättrig mit dem Messer
oder hobelt sie. Die Rübenschnitzel in einen Kochtopf geben und so viel Wasser
hinzufügen, dass diese gut halb bedeckt sind. Bei mittlerer Hitze die Schnitzel etwa
zwei Stunden köcheln lassen, bis sie weich sind und sich mit dem Kochlöffel leicht
zerdrücken lassen. Die heiße Masse durch ein Küchensieb aus Metall in eine Schüs
sel schütten, etwas abtropfen lassen und mit einem Kochlöffel gut auspressen. Den
so gewonnenen Zuckerrübensaft ruhig stehen lassen, damit die Trübstoffe zu Bo
den sinken. Den klaren Saft langsam und vorsichtig in einen Kochtopf gießen. Der
Bodensatz sollte dabei in der Schüssel zurückbleiben. Danach den Saft so lange er-
hitzen, bis die Flüssigkeit um die Hälfte reduziert ist. Im Anschluss daran den Sud
in flache Töpfe gießen und kochen, bis der eingedickte Saft breit vom Löffel fällt.
Zuletzt den fertigen Sirup in Gläser füllen, die Deckel fest aufschrauben und erkal-
ten lassen.
So ist der Zuckerrübensirup mehrere Monate haltbar.

**Leider ist das alte Rezept nicht mehr ganz so leserlich.**

**Schreibe das Rezept für den Zuckerrübensirup vollständig in dein Aufsatzheft ab.**

Brigitte Penzenstadler: Schreibtraining in drei Kompetenzstufen – Band 1

# Herstellung eines Zuckerrübensirups – Lösung

**Theresa hat im Kochbuch ihrer Oma folgendes Rezept zur Herstellung eines Zuckerrübensirups gefunden:**

Für die Herstellung eines Zuckerrübensirups werden zwanzig Kilogramm Zuckerrüben, Wasser, eine Bürste, ein Messer, ein Gemüsehobel, mehrere verschieden große Kochtöpfe, ein Kochlöffel, ein Metallsieb, eine Schüssel und zwei Gläser benötigt. Die Zuckerrüben unter fließendem Wasser mit einer Bürste waschen und gründlich putzen. Dabei die Rüben von allen schlechten Stellen, kleinen Wurzeln und dem Blattansatz befreien. Anschließend schneidet man sie feinblättrig mit dem Messer oder hobelt sie. Die Rübenschnitzel in einen Kochtopf geben und so viel Wasser hinzufügen, dass diese gut halb bedeckt sind. Bei mittlerer Hitze die Schnitzel etwa zwei Stunden köcheln lassen, bis sie weich sind und sich mit dem Kochlöffel leicht zerdrücken lassen. Die heiße Masse durch ein Küchensieb aus Metall in eine Schüssel schütten, etwas abtropfen lassen und mit einem Kochlöffel gut auspressen. Den so gewonnenen Zuckerrübensaft ruhig stehen lassen, damit die Trübstoffe zu Boden sinken. Den klaren Saft langsam und vorsichtig in einen Kochtopf gießen. Der Bodensatz sollte dabei in der Schüssel zurückbleiben. Danach den Saft so lange erhitzen, bis die Flüssigkeit um die Hälfte reduziert ist. Im Anschluss daran den Sud in flache Töpfe gießen und kochen, bis der eingedickte Saft breit vom Löffel fällt. Zuletzt den fertigen Sirup in Gläser füllen, die Deckel fest aufschrauben und erkalten lassen.
So ist der Zuckerrübensirup mehrere Monate haltbar.

**Leider ist das alte Rezept nicht mehr ganz so leserlich.**

**Schreibe das Rezept für den Zuckerrübensirup vollständig in dein Aufsatzheft ab.**

# Rezept für eine Modelliermasse aus Salzteig

**Schau dir die Bilder genau an. Vervollständige das Rezept indem du angibst, wie viel du von welchen Zutaten benötigst und was du machen musst.**

Für die Herstellung einer Knetmasse aus Salzteig benötigt man Mehl, Salz, Öl, Wasser, eine Rührschüssel, eine Tasse, einen Kochlöffel, einen Esslöffel und ein Backblech.

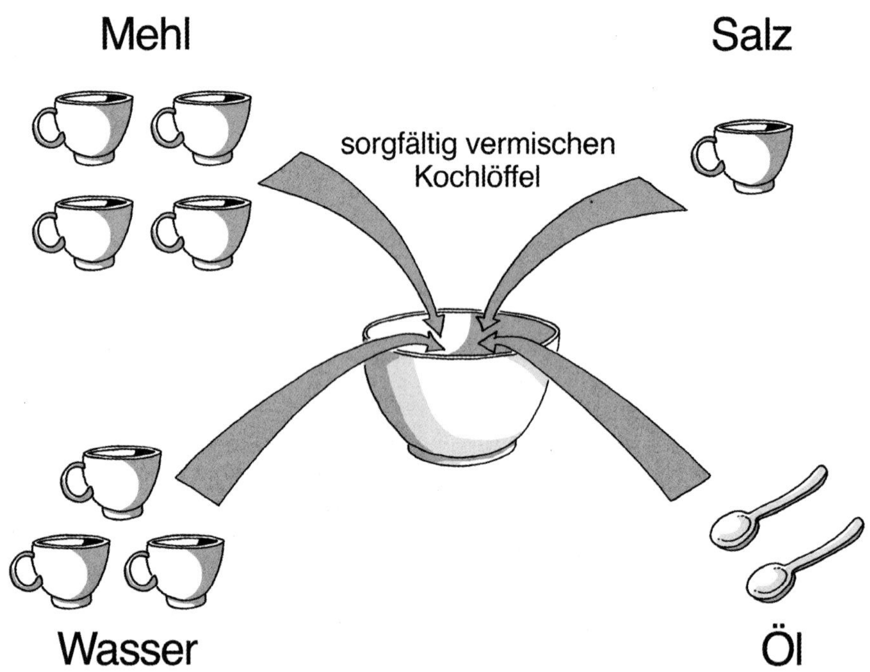


Ist die Masse zu weich, stäubt man etwas Mehl darüber. Bröckelt der Salzteig, so empfiehlt es sich, etwas Wasser hineinzuträufeln.
Den Teig mit den Händen gut verkneten, sodass eine geschmeidige und glatte Modelliermasse entsteht.
Anschließend aus dem Teig beliebige Figuren formen.
Die fertigen Salzteigfiguren über Nacht in einem warmen Zimmer fest werden lassen.
Am nächsten Morgen diese vorsichtig auf ein Backblech legen und bei 120° C zwei bis drei Stunden im Backofen trocknen lassen.
Dickere Figuren sind eventuell auf der Unterseite noch etwas weich. Sie müssen dann umgedreht und mit der Rückseite nach oben nochmals gebacken werden.
Zuletzt kann man die Figuren bemalen und mit einem Klarlack versehen, damit sie länger haltbar sind.
Salzteigfiguren lassen sich einfach und schnell herstellen. Sie eignen sich hervorragend für kleine Geschenke.

# Rezept für eine Modelliermasse aus Salzteig – Lösung

**Schau dir die Bilder genau an. Vervollständige das Rezept indem du angibst, wie viel du von welchen Zutaten benötigst und was du machen musst.**

Für die Herstellung einer Knetmasse aus Salzteig benötigt man Mehl, Salz, Öl, Wasser, eine Rührschüssel, eine Tasse, einen Kochlöffel, einen Esslöffel und ein Backblech.

*Man gibt vier Tassen Mehl, eine Tasse Salz, drei Tassen Wasser und zwei Esslöffel Öl in eine Rührschüssel und vermischt das Ganze sorgfältig mit einem Kochlöffel.*

Ist die Masse zu weich, stäubt man etwas Mehl darüber. Bröckelt der Salzteig, so empfiehlt es sich, etwas Wasser hineinzuträufeln.
Den Teig mit den Händen gut verkneten, sodass eine geschmeidige und glatte Modelliermasse entsteht.
Anschließend aus dem Teig beliebige Figuren formen.
Die fertigen Salzteigfiguren über Nacht in einem warmen Zimmer fest werden lassen.
Am nächsten Morgen diese vorsichtig auf ein Backblech legen und bei 120° C zwei bis drei Stunden im Backofen trocknen lassen.
Dickere Figuren sind eventuell auf der Unterseite noch etwas weich. Sie müssen dann umgedreht und mit der Rückseite nach oben nochmals gebacken werden.
Zuletzt kann man die Figuren bemalen und mit einem Klarlack versehen, damit sie länger haltbar sind.
Salzteigfiguren lassen sich einfach und schnell herstellen. Sie eignen sich hervorragend für kleine Geschenke.

# Schreibaufgabe

| Zutaten | Zubereitung |
|---|---|
| 4 Schnitzel | waschen, trocken tupfen, in Streifen schneiden |
| 1 Knoblauchzehe<br>1 Esslöffel Gyrosgewürz | schälen, pressen, zu Fleisch in Schüssel geben, mischen |
| 4 Esslöffel Öl | in Pfanne erhitzen, Fleischmischung braten, umrühren |
| je $\frac{1}{2}$ Paprikaschote, Zucchini, Zwiebel | in kleine Würfel schneiden, zu Fleisch geben, kurz mitdünsten |
| Weißbrot | dazu servieren |

**Fertige aus diesen Angaben eine ausführliche Vorgangsbeschreibung.**

**Formuliere ganze Sätze.**

**Wenn du dir unsicher bist, schlage in deinem Aufsatzheft nach.**

- **Gib in der Einleitung an, welche Werkzeuge und Zutaten du benötigst.**
- **Beschreibe die einzelnen Arbeitsschritte in der richtigen Reihenfolge.**
- **Schreibe in der Gegenwart.**

**Kontrolliere zum Schluss, ob deine Vorgangsbeschreibung alle obigen Angaben enthält.**

# Schreibkonferenz

Eine Schreibkonferenz hilft euch, eure Vorgangsbeschreibung noch besser zu gestalten. Selbst Bestsellerautoren lesen und überarbeiten ihre Werke immer wieder, bevor sie diese veröffentlichen.
Dabei erhalten sie oft viele wertvolle Tipps von anderen.

Bildet für eure Schreibkonferenz eine Gruppe von höchstens drei bis vier Personen. Vielleicht können sogar eure Textprodukte von eurer Lehrkraft in der entsprechenden Anzahl kopiert werden.

Führt anschließend eine Schreibkonferenz durch:

① Ein Gruppenmitglied liest seine Vorgangsbeschreibung laut vor. Hört dem Leser aufmerksam zu! Informiert den Autor über euren ersten Eindruck, dabei muss mindestens ein guter Punkt erwähnt werden!

② Während das Geschriebene ein zweites Mal langsam vorgelesen wird, macht euch stichpunktartig Notizen auf dem **Schreibkonferenzbogen – Vorgangsbeschreibung**.

③ Teilt eure Aufzeichnungen höflich der Schreiberin oder dem Schreiber mit. Macht gemeinsam sinnvolle Verbesserungsvorschläge, die dem Autor wirklich helfen!

④ Nun ist der oder die Nächste an der Reihe, das Geschriebene vorzutragen. Wiederholt diesen Vorgang so lange, bis jedes Gruppenmitglied sein Werk vorgestellt und Tipps erhalten hat. Dann verbessert eure Vorgangsbeschreibungen!

# Schreibkonferenzbogen – Vorgangsbeschreibung

**Name des Autors:** ____________________

**Überschrift des Textes:** ____________________

| | ☺ | ☹ | Verbesserungsvorschlag |
|---|---|---|---|
| **1. Wurden alle benötigten Werkzeuge und Materialien angegeben?** | | | |
| **2. Sind die einzelnen Arbeitsschritte in der richtigen Reihenfolge beschrieben?** | | | |
| **3. Wurde die Beschreibung in der Gegenwart verfasst?** | | | |

Datum

Unterschrift des Schreibkonferenzmitglieds

# Wie fertigt man eine Maske aus Gips?

**Die Bastelanleitung ist kunterbunt durcheinander geraten.**
**Ordne die folgenden Stichpunkte, sodass ein sinnvoller Ablauf entsteht.**

| | |
|---|---|
| | Verschieden breite und lange Stücke aus den Gipsbinden schneiden.<br>Ca. 40 Zentimeter für Nachbesserungen beiseite legen.<br>Mit Papiertaschentüchern Augen und Augenbrauen abdecken. |
| | Für die Faschingsparty, als Wandschmuck oder als persönliches Geschenk. |
| | Ein bis zwei Gipsbinden, Vaseline, Frischhaltefolie, Papiertaschentücher |
| | Gesicht dick mit Vaseline eincremen.<br>Haaransatz mit Frischhaltefolie abdecken.<br>Altes Handtuch um die Schultern legen. |
| | Eine Schere, eine Wasserschale und ein altes Handtuch |
| | Mit den restlichen Gipsbinden evtl. Gesichtszüge nachbessern. |
| | Verschiedene Schichten auftragen. |
| | Fertige Maske etwa 30 Minuten liegen lassen.<br>Unebenheiten mit feinem Schmirgelpapier ebnen. |
| | Gipsbindenstücke kurz in Wasser tauchen, abtropfen lassen,<br>sofort aufs Gesicht legen und glatt streichen.<br>Die Streifen müssen sich ca. einen Zentimeter überlappen. |
| | Den Rand vorsichtig lösen.<br>Maske langsam vom Gesicht nehmen. |
| | Maske mit Farben bemalen oder mit Federn und Pailletten bekleben. |
| | Das ganze Gesicht auf diese Art eingipsen.<br>Nur Augen, Mund und Nasenlöcher freilassen. |
| | Vor allem den Rand gut verstärken.<br>Maske 10 Minuten trocknen lassen. |

# Wie fertigt man eine Maske aus Gips? – Lösung

**Die Bastelanleitung ist kunterbunt durcheinander geraten.**
**Ordne die folgenden Stichpunkte, sodass ein sinnvoller Ablauf entsteht.**

| | |
|---|---|
| *3* | Verschieden breite und lange Stücke aus den Gipsbinden schneiden.<br>Ca. 40 Zentimeter für Nachbesserungen beiseite legen.<br>Mit Papiertaschentüchern Augen und Augenbrauen abdecken. |
| *13* | Für die Faschingsparty, als Wandschmuck oder als persönliches Geschenk. |
| *1* | Ein bis zwei Gipsbinden, Vaseline, Frischhaltefolie, Papiertaschentücher |
| *4* | Gesicht dick mit Vaseline eincremen.<br>Haaransatz mit Frischhaltefolie abdecken.<br>Altes Handtuch um die Schultern legen. |
| *2* | Eine Schere, eine Wasserschale und ein altes Handtuch |
| *10* | Mit den restlichen Gipsbinden evtl. Gesichtszüge nachbessern. |
| *7* | Verschiedene Schichten auftragen. |
| *11* | Fertige Maske etwa 30 Minuten liegen lassen.<br>Unebenheiten mit feinem Schmirgelpapier ebnen. |
| *5* | Gipsbindenstücke kurz in Wasser tauchen, abtropfen lassen,<br>sofort aufs Gesicht legen und glatt streichen.<br>Die Streifen müssen sich ca. einen Zentimeter überlappen. |
| *9* | Den Rand vorsichtig lösen.<br>Maske langsam vom Gesicht nehmen. |
| *12* | Maske mit Farben bemalen oder mit Federn und Pailletten bekleben. |
| *6* | Das ganze Gesicht auf diese Art eingipsen.<br>Nur Augen, Mund und Nasenlöcher freilassen. |
| *8* | Vor allem den Rand gut verstärken.<br>Maske 10 Minuten trocknen lassen. |

# Herstellung eines Zuckerrübensirups

**Vervollständige den Text, indem du die Verben konjugierst und an der passenden Stelle einfügst.**

abtropfen – aufschrauben – auspressen – bedecken – befreien – benötigen – geben – gießen – erhitzen – erkalten – fallen – putzen – reduzieren – schneiden – sinken – stehen – waschen – zerdrücken – zurückbleiben

Für die Herstellung eines Zuckerrübensirups werden zwanzig Kilogramm Zuckerrüben, Wasser, eine Bürste, ein Messer, ein Gemüsehobel, mehrere verschieden große Kochtöpfe, ein Kochlöffel, ein Metallsieb, eine Schüssel und zwei Gläser ________________.
Die Zuckerrüben unter fließendem Wasser mit einer Bürste ________________ und gründlich ________________. Dabei die Rüben von allen schlechten Stellen, kleinen Wurzeln und dem Blattansatz ________________. Anschließend ________________ man sie feinblättrig mit dem Messer oder hobelt sie. Die Rübenschnitzel in einen Kochtopf ________________ und so viel Wasser hinzufügen, dass diese gut halb ________________ sind. Bei mittlerer Hitze die Schnitzel etwa zwei Stunden köcheln lassen, bis sie weich sind und sich mit dem Kochlöffel leicht ________________ lassen. Die heiße Masse durch ein Küchensieb aus Metall in eine Schüssel schütten, etwas ________________ lassen und mit einem Kochlöffel gut ________________. Den so gewonnenen Zuckerrübensaft ruhig ________________ lassen, damit die Trübstoffe zu Boden ________________. Den klaren Saft langsam und vorsichtig in einen Kochtopf ________________. Der Bodensatz sollte dabei in der Schüssel ________________. Danach den Saft so lange ________________, bis die Flüssigkeit um die Hälfte ________________ ist. Im Anschluss daran den Sud in flache Töpfe gießen und kochen, bis der eingedickte Saft breit vom Löffel ________________. Zuletzt den fertigen Sirup in Gläser füllen, die Deckel fest ________________ und ________________ lassen.
So ist der Zuckerrübensirup mehrere Monate haltbar.

# Herstellung eines Zuckerrübensirups – Lösung

**Vervollständige den Text, indem du die Verben konjugierst und an der passenden Stelle einfügst.**

abtropfen – aufschrauben – auspressen – bedecken – befreien – benötigen – geben – gießen – erhitzen – erkalten – fallen – putzen – reduzieren – schneiden – sinken – stehen – waschen – zerdrücken – zurückbleiben

Für die Herstellung eines Zuckerrübensirups werden zwanzig Kilogramm Zuckerrüben, Wasser, eine Bürste, ein Messer, ein Gemüsehobel, mehrere verschieden große Kochtöpfe, ein Kochlöffel, ein Metallsieb, eine Schüssel und zwei Gläser *benötigt*.
Die Zuckerrüben unter fließendem Wasser mit einer Bürste *waschen* und gründlich *putzen*. Dabei die Rüben von allen schlechten Stellen, kleinen Wurzeln und dem Blattansatz *befreien*. Anschließend *schneidet* man sie feinblättrig mit dem Messer oder hobelt sie. Die Rübenschnitzel in einen Kochtopf *geben* und so viel Wasser hinzufügen, dass diese gut halb *bedeckt* sind. Bei mittlerer Hitze die Schnitzel etwa zwei Stunden köcheln lassen, bis sie weich sind und sich mit dem Kochlöffel leicht *zerdrücken* lassen. Die heiße Masse durch ein Küchensieb aus Metall in eine Schüssel schütten, etwas *abtropfen* lassen und mit einem Kochlöffel gut *auspressen*. Den so gewonnenen Zuckerrübensaft ruhig *stehen* lassen, damit die Trübstoffe zu Boden *sinken*.
Den klaren Saft langsam und vorsichtig in einen Kochtopf *gießen*. Der Bodensatz sollte dabei in der Schüssel *zurückbleiben*. Danach den Saft so lange *erhitzen*, bis die Flüssigkeit um die Hälfte *reduziert* ist. Im Anschluss daran den Sud in flache Töpfe gießen und kochen, bis der eingedickte Saft breit vom Löffel *fällt*. Zuletzt den fertigen Sirup in Gläser füllen, die Deckel fest *aufschrauben* und *erkalten* lassen.
So ist der Zuckerrübensirup mehrere Monate haltbar.

# Rezept für eine Modelliermasse aus Salzteig

**Vervollständige das Rezept.**

Für die ________________ einer Knetmasse aus Salzteig benötigt man Mehl, Salz, Öl, Wasser, eine Rührschüssel, eine Tasse, einen Kochlöffel, einen Esslöffel und ein Backblech.

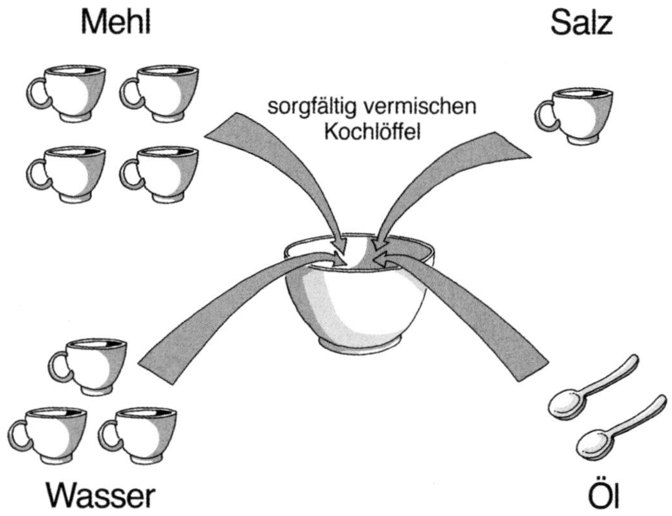


______________________________________________________________

______________________________________________________________

______________________________________________________________

Ist die Masse zu ____________, stäubt man etwas Mehl darüber. Bröckelt der Salzteig, so empfiehlt es sich, etwas Wasser hineinzuträufeln.
Den Teig mit den Händen gut ________________, sodass eine geschmeidige und glatte Modelliermasse entsteht.
Anschließend aus dem Teig beliebige Figuren ______________.
Die fertigen Salzteigfiguren über Nacht in einem warmen Zimmer fest werden lassen.
Am nächsten Morgen diese vorsichtig auf ein ________________ legen und bei 120 ° C zwei bis drei Stunden im Backofen trocknen lassen.
Dickere Figuren sind eventuell auf der Unterseite noch etwas weich. Sie müssen dann umgedreht und mit der ________________ nach oben nochmals gebacken werden.
Zuletzt kann man die Figuren ________________ und mit einem Klarlack versehen, damit sie länger haltbar sind.
Salzteigfiguren lassen sich einfach und schnell herstellen.
Sie eignen sich hervorragend für kleine Geschenke.

# Rezept für eine Modelliermasse aus Salzteig – Lösung

**Vervollständige das Rezept.**

Für die *Herstellung* einer Knetmasse aus Salzteig benötigt man Mehl, Salz, Öl, Wasser, eine Rührschüssel, eine Tasse, einen Kochlöffel, einen Esslöffel und ein Backblech.

*Man gibt vier Tassen Mehl, eine Tasse Salz, drei Tassen Wasser und zwei Esslöffel Öl in eine Rührschüssel und vermischt das Ganze sorgfältig mit einem Kochlöffel.*

Ist die Masse zu *weich*, stäubt man etwas Mehl darüber. Bröckelt der Salzteig, so empfiehlt es sich, etwas Wasser hineinzuträufeln.
Den Teig mit den Händen gut *verkneten*, sodass eine geschmeidige und glatte Modelliermasse entsteht.
Anschließend aus dem Teig beliebige Figuren *formen*.
Die fertigen Salzteigfiguren über Nacht in einem warmen Zimmer fest werden lassen.
Am nächsten Morgen diese vorsichtig auf ein *Backblech* legen und bei 120 °C zwei bis drei Stunden im Backofen trocknen lassen.
Dickere Figuren sind eventuell auf der Unterseite noch etwas weich. Sie müssen dann umgedreht und mit der *Rückseite* nach oben nochmals gebacken werden.
Zuletzt kann man die Figuren *bemalen* und mit einem Klarlack versehen, damit sie länger haltbar sind.
Salzteigfiguren lassen sich einfach und schnell herstellen.
Sie eignen sich hervorragend für kleine Geschenke.

# Servietten falten

**Hier findest du beschrieben, wie man Servietten faltet.**
**Leider fehlen einige Angaben. Vervollständige.**

Einleitung: ______________________________________________

______________________________________________

① 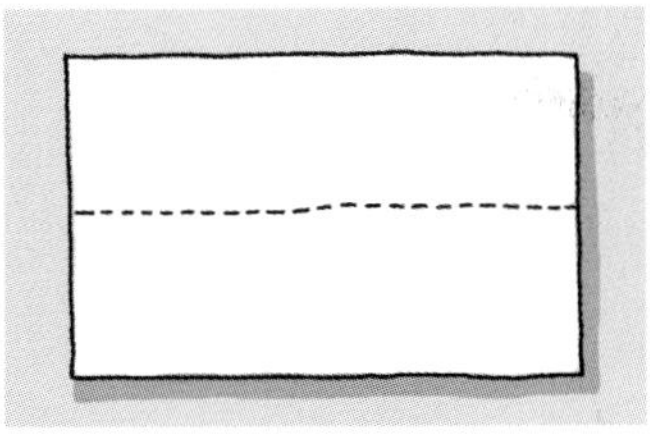

Breite eine Papierserviette auseinander und falte sie einmal sauber in der Mitte, sodass ein Rechteck entsteht.

② ______________________________________________

______________________________________________

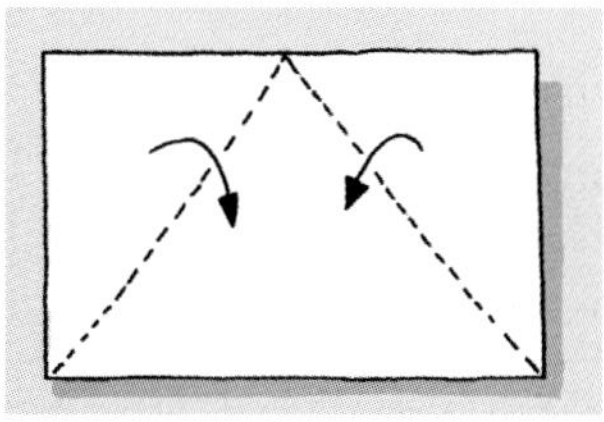

③ 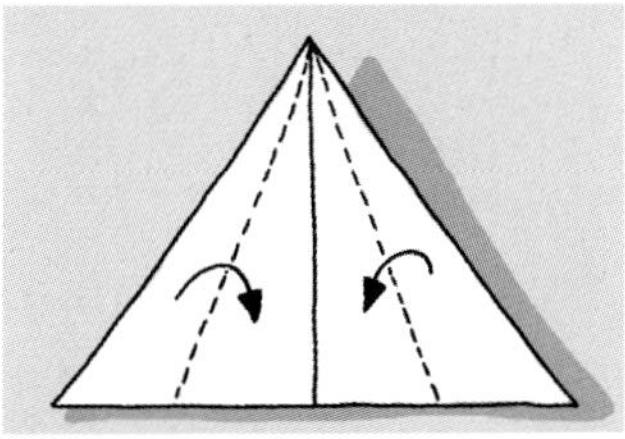

Anschließend muss man die rechte und die linke Seite des Dreiecks wieder zur Mitte falten.

④ ______________________________________________

______________________________________________

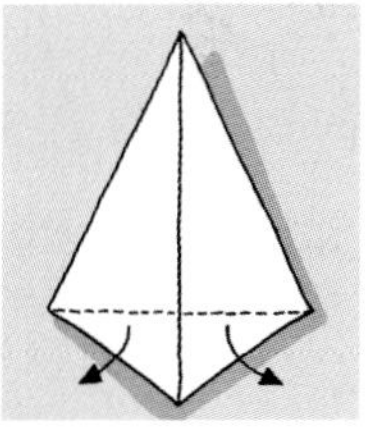

⑤ 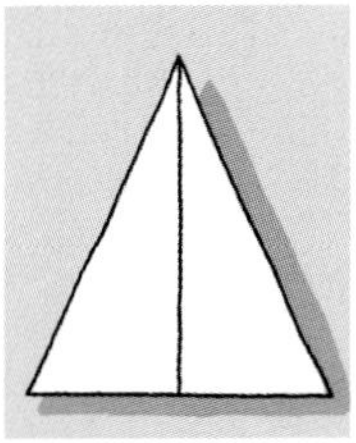

Biege danach die beiden Seiten des Dreiecks entlang der Mittellinie leicht nach vorne.

⑥ Stelle zuletzt die ______________ Serviette auf oder neben den Teller.

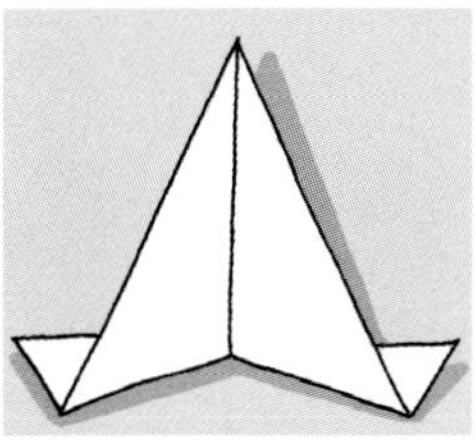

**Schluss:** ______________________________________________

______________________________________________

# Servietten falten – Lösung

**Hier findest du beschrieben, wie man Servietten faltet.**
**Leider fehlen einige Angaben. Vervollständige.**

Einleitung: *Mit wenigen Handgriffen zaubert man mit Servietten eine fantasievolle Tischdekoration.*

①

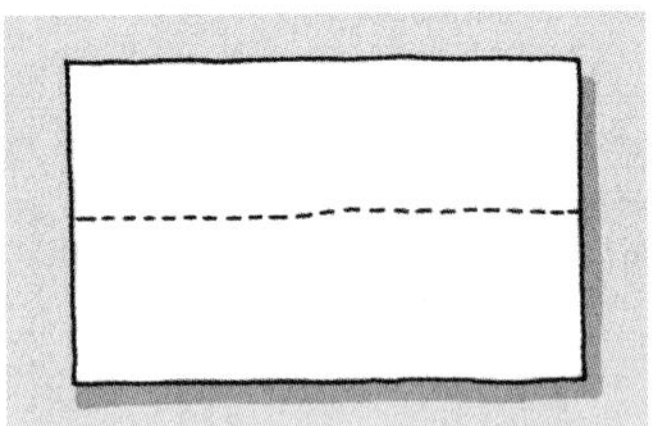

Breite eine Papierserviette auseinander und falte sie einmal sauber in der Mitte, sodass ein Rechteck entsteht.

② *Schlage die rechte und die linke obere Ecke des Rechtecks zur unteren Mitte hin ein. Es entsteht ein Dreieck.*

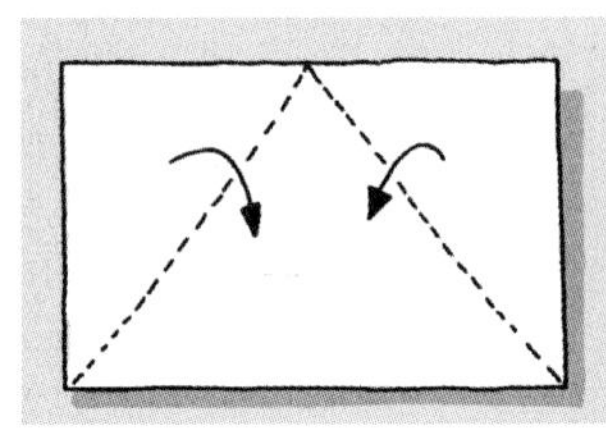

③

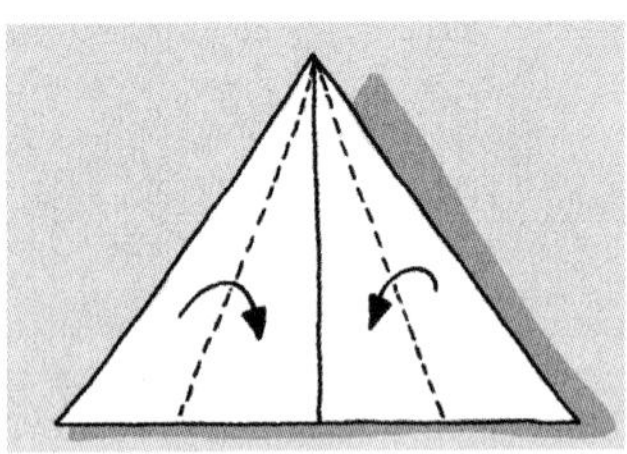

Anschließend muss man die rechte und die linke Seite des Dreiecks wieder zur Mitte falten.

④ *Knicke die unteren Ecken, die überstehen, nach hinten.*

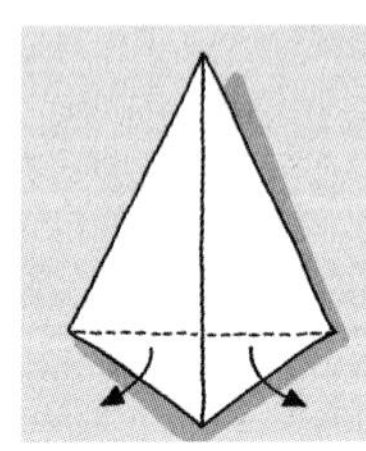

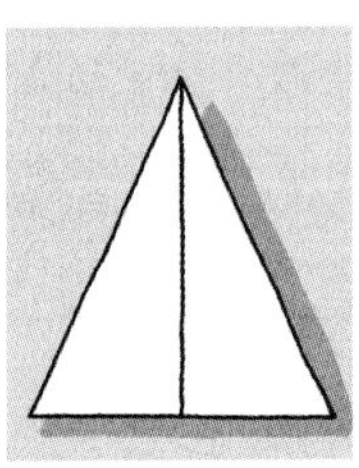

⑤ Biege danach die beiden Seiten des Dreiecks entlang der Mittellinie leicht nach vorne.

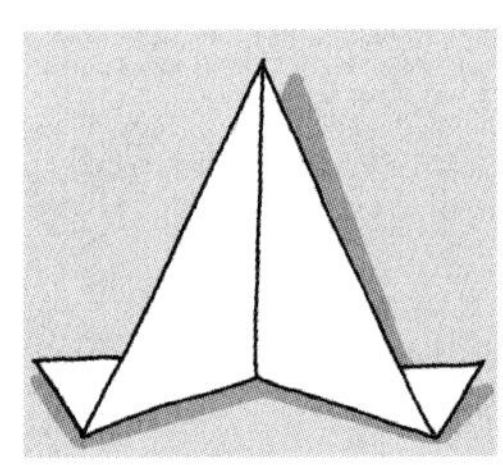

⑥ Stelle zuletzt die *fertige* Serviette auf oder neben den Teller.

**Schluss:** *Diese Faltung der Serviette gelingt sehr leicht.*

# Schreibaufgabe

| Zutaten | Zubereitung |
|---|---|
| 4 Schnitzel | waschen, trocken tupfen, in Streifen schneiden |
| 1 Knoblauchzehe<br>1 Esslöffel Gyrosgewürz | schälen, pressen, zu Fleisch in Schüssel geben, mischen |
| 4 Esslöffel Öl | in Pfanne erhitzen, Fleischmischung braten, umrühren |
| je $\frac{1}{2}$ Paprikaschote, Zucchini, Zwiebel | in kleine Würfel schneiden, zu Fleisch geben, kurz mitdünsten |
| Weißbrot | dazu servieren |

**Fertige aus diesen Angaben eine ausführliche Vorgangsbeschreibung.**

**Formuliere ganze Sätze.**

- **Achte auf eine sinnvolle Reihenfolge der Arbeitsschritte.**
- **Vermeide Wortwiederholungen.**
- **Schreibe sachlich nüchtern.**

**Kontrolliere zum Schluss, ob deine Vorgangsbeschreibung alle obigen Angaben enthält.**

# Schreibkonferenz

Eine Schreibkonferenz hilft euch, eure Vorgangsbeschreibung noch besser zu gestalten. Selbst Bestsellerautoren lesen und überarbeiten ihre Werke immer wieder, bevor sie diese veröffentlichen.
Dabei erhalten sie oft viele wertvolle Tipps von anderen.

Bildet für eure Schreibkonferenz eine Gruppe von höchstens drei bis vier Personen. Vielleicht können sogar eure Textprodukte von eurer Lehrkraft in der entsprechenden Anzahl kopiert werden.

Führt anschließend eine Schreibkonferenz durch:

① Ein Gruppenmitglied liest seine Vorgangsbeschreibung laut vor. Hört dem Leser aufmerksam zu! Informiert den Autor über euren ersten Eindruck, dabei muss mindestens ein guter Punkt erwähnt werden!

② Während das Geschriebene ein zweites Mal langsam vorgelesen wird, macht euch stichpunktartig Notizen auf dem **Schreibkonferenzbogen – Vorgangsbeschreibung**.

③ Teilt eure Aufzeichnungen höflich der Schreiberin oder dem Schreiber mit. Macht gemeinsam sinnvolle Verbesserungsvorschläge, die dem Autor wirklich helfen!

④ Nun ist der oder die Nächste an der Reihe, das Geschriebene vorzutragen. Wiederholt diesen Vorgang so lange, bis jedes Gruppenmitglied sein Werk vorgestellt und Tipps erhalten hat. Dann verbessert eure Vorgangsbeschreibungen!

# Schreibkonferenzbogen – Vorgangsbeschreibung

**Name des Autors:** ____________________

**Überschrift des Textes:** ____________________

| | ☺ | ☹ | Verbesserungsvorschlag |
|---|---|---|---|
| 1. Wurden alle benötigten Werkzeuge und Materialien angegeben? | | | |
| 2. Sind die einzelnen Arbeitsschritte in der richtigen Reihenfolge beschrieben? | | | |
| 3. Wurde die Beschreibung in der Gegenwart verfasst? | | | |
| 4. Enthält die Beschreibung eine persönliche Wertung? | | | |
| 5. Gibt es vermeidbare Wortwiederholungen? | | | |

Datum

Unterschrift des Schreibkonferenzmitglieds

# Wie fertigt man eine Maske aus Gips?

**Ordne die Stichpunkte und verfasse anschließend daraus eine ausführliche Beschreibung.**

| | |
|---|---|
| A | Verschieden breite und lange Stücke aus den Gipsbinden schneiden.<br>Ca. 40 Zentimeter für Nachbesserungen beiseite legen.<br>Mit Papiertaschentüchern Augen und Augenbrauen abdecken. |
| B | Für die Faschingsparty, als Wandschmuck oder als persönliches Geschenk. |
| C | Ein bis zwei Gipsbinden, Vaseline, Frischhaltefolie, Papiertaschentücher |
| D | Gesicht dick mit Vaseline eincremen.<br>Haaransatz mit Frischhaltefolie abdecken.<br>Altes Handtuch um die Schultern legen.<br>Gipsbindenstücke kurz in Wasser tauchen, abtropfen lassen,<br>sofort aufs Gesicht legen und glatt streichen.<br>Die Streifen müssen sich ca. einen Zentimeter überlappen.<br>Das ganze Gesicht auf diese Art eingipsen.<br>Nur Augen, Mund und Nasenlöcher freilassen. |
| E | Eine Schere, eine Wasserschale und ein altes Handtuch |
| F | Mit den restlichen Gipsbinden evtl. Gesichtszüge nachbessern.<br>Fertige Maske etwa 30 Minuten liegen lassen.<br>Unebenheiten mit feinem Schmirgelpapier ebnen.<br>Maske mit Farben bemalen oder mit Federn und Pailletten bekleben. |
| G | Verschiedene Schichten auftragen.<br>Vor allem den Rand gut verstärken.<br>Maske 10 Minuten trocknen lassen.<br>Den Rand vorsichtig lösen.<br>Maske langsam vom Gesicht nehmen. |

| A | B | C | D | E | F | G |
|---|---|---|---|---|---|---|
| | | | | | | |

# Wie fertigt man eine Maske aus Gips? – Lösung

**Ordne die Stichpunkte und verfasse anschließend daraus eine ausführliche Beschreibung.**

| | |
|---|---|
| A | Verschieden breite und lange Stücke aus den Gipsbinden schneiden.<br>Ca. 40 Zentimeter für Nachbesserungen beiseite legen.<br>Mit Papiertaschentüchern Augen und Augenbrauen abdecken. |
| B | Für die Faschingsparty, als Wandschmuck oder als persönliches Geschenk. |
| C | Ein bis zwei Gipsbinden, Vaseline, Frischhaltefolie, Papiertaschentücher |
| D | Gesicht dick mit Vaseline eincremen.<br>Haaransatz mit Frischhaltefolie abdecken.<br>Altes Handtuch um die Schultern legen.<br>Gipsbindenstücke kurz in Wasser tauchen, abtropfen lassen,<br>sofort aufs Gesicht legen und glatt streichen.<br>Die Streifen müssen sich ca. einen Zentimeter überlappen.<br>Das ganze Gesicht auf diese Art eingipsen.<br>Nur Augen, Mund und Nasenlöcher freilassen. |
| E | Eine Schere, eine Wasserschale und ein altes Handtuch |
| F | Mit den restlichen Gipsbinden evtl. Gesichtszüge nachbessern.<br>Fertige Maske etwa 30 Minuten liegen lassen.<br>Unebenheiten mit feinem Schmirgelpapier ebnen.<br>Maske mit Farben bemalen oder mit Federn und Pailletten bekleben. |
| G | Verschiedene Schichten auftragen.<br>Vor allem den Rand gut verstärken.<br>Maske 10 Minuten trocknen lassen.<br>Den Rand vorsichtig lösen.<br>Maske langsam vom Gesicht nehmen. |

| A | B | C | D | E | F | G |
|---|---|---|---|---|---|---|
| *3* | *7* | *1* | *4* | *2* | *6* | *5* |

# Herstellung eines Zuckerrübensirups

**Schreibe anhand der ausführlichen Beschreibung eine Kurzanleitung für die Herstellung von Zuckerrübensirup.**

Für die Herstellung eines Zuckerrübensirups werden zwanzig Kilogramm Zuckerrüben, Wasser, eine Bürste, ein Messer, ein Gemüsehobel, mehrere verschieden große Kochtöpfe, ein Kochlöffel, ein Metallsieb, eine Schüssel und zwei Gläser benötigt. Die Zuckerrüben unter fließendem Wasser mit einer Bürste waschen und gründlich putzen. Dabei die Rüben von allen schlechten Stellen, kleinen Wurzeln und dem Blattansatz befreien. Anschließend schneidet man sie feinblättrig mit dem Messer oder hobelt sie. Die Rübenschnitzel in einen Kochtopf geben und so viel Wasser hinzufügen, dass diese gut halb bedeckt sind. Bei mittlerer Hitze die Schnitzel etwa zwei Stunden köcheln lassen, bis sie weich sind und sich mit dem Kochlöffel leicht zerdrücken lassen. Die heiße Masse durch ein Küchensieb aus Metall in eine Schüssel schütten, etwas abtropfen lassen und mit einem Kochlöffel gut auspressen. Den so gewonnenen Zuckerrübensaft ruhig stehen lassen, damit die Trübstoffe zu Boden sinken. Den klaren Saft langsam und vorsichtig in einen Kochtopf gießen. Der Bodensatz sollte dabei in der Schüssel zurückbleiben. Danach den Saft so lange erhitzen, bis die Flüssigkeit um die Hälfte reduziert ist. Im Anschluss daran den Sud in flache Töpfe gießen und kochen, bis der eingedickte Saft breit vom Löffel fällt. Zuletzt den fertigen Sirup in Gläser füllen, die Deckel fest aufschrauben und erkalten lassen.
So ist der Zuckerrübensirup mehrere Monate haltbar.

**Zutaten** **Zubereitung**

# Herstellung eines Zuckerrübensirups – Lösung

**Schreibe anhand der ausführlichen Beschreibung eine Kurzanleitung für die Herstellung von Zuckerrübensirup.**

Für die Herstellung eines Zuckerrübensirups werden zwanzig Kilogramm Zuckerrüben, Wasser, eine Bürste, ein Messer, ein Gemüsehobel, mehrere verschieden große Kochtöpfe, ein Kochlöffel, ein Metallsieb, eine Schüssel und zwei Gläser benötigt. Die Zuckerrüben unter fließendem Wasser mit einer Bürste waschen und gründlich putzen. Dabei die Rüben von allen schlechten Stellen, kleinen Wurzeln und dem Blattansatz befreien. Anschließend schneidet man sie feinblättrig mit dem Messer oder hobelt sie. Die Rübenschnitzel in einen Kochtopf geben und so viel Wasser hinzufügen, dass diese gut halb bedeckt sind. Bei mittlerer Hitze die Schnitzel etwa zwei Stunden köcheln lassen, bis sie weich sind und sich mit dem Kochlöffel leicht zerdrücken lassen. Die heiße Masse durch ein Küchensieb aus Metall in eine Schüssel schütten, etwas abtropfen lassen und mit einem Kochlöffel gut auspressen. Den so gewonnenen Zuckerrübensaft ruhig stehen lassen, damit die Trübstoffe zu Boden sinken. Den klaren Saft langsam und vorsichtig in einen Kochtopf gießen. Der Bodensatz sollte dabei in der Schüssel zurückbleiben. Danach den Saft so lange erhitzen, bis die Flüssigkeit um die Hälfte reduziert ist. Im Anschluss daran den Sud in flache Töpfe gießen und kochen, bis der eingedickte Saft breit vom Löffel fällt. Zuletzt den fertigen Sirup in Gläser füllen, die Deckel fest aufschrauben und erkalten lassen.
So ist der Zuckerrübensirup mehrere Monate haltbar.

**Zutaten**

*20 kg Zuckerrüben*

*etwas Wasser*

**Zubereitung**

*waschen, schälen, hobeln, in Topf geben, hinzufügen, bei mittlerer Hitze zwei Stunden weich kochen, in Schüssel seihen, restliche Masse mit Kochlöffel auspressen, klaren Saft in Topf gießen, nochmals erhitzen bis Flüssigkeit um die Hälfte reduziert, weiterkochen bis Saft eindickt und breit vom Löffel fällt, in Gläser füllen, zuschrauben*

# Rezept für eine Modelliermasse aus Salzteig

**Beschreibe mithilfe der Stichpunkte ausführlich, wie man einen Salzteig herstellt.**

4 Tassen Mehl – 1 Tasse Salz – 3 Tassen Wasser – 2 Esslöffel Öl – Rührschüssel – mischen – falls zu weich, Mehl dazugeben – Wasser hineinträufeln, wenn Teig bröckelt – alles gut verkneten – glatte und geschmeidige Masse – Figuren modellieren – über Nacht im warmen Raum stehen lassen – auf Backblech legen – bei 120° C zwei bis drei Stunden im Backofen trocknen – falls Unterseite bei dickeren Figuren weich, umdrehen und nochmals backen – bemalen – Klarlack auftragen – leicht herzustellen – nettes Geschenk

# Rezept für eine Modelliermasse aus Salzteig – Lösung

**Beschreibe mithilfe der Stichpunkte ausführlich, wie man einen Salzteig herstellt.**

4 Tassen Mehl – 1 Tasse Salz – 3 Tassen Wasser – 2 Esslöffel Öl – Rührschüssel – mischen – falls zu weich, Mehl dazugeben – Wasser hineinträufeln, wenn Teig bröckelt – alles gut verkneten – glatte und geschmeidige Masse – Figuren modellieren – über Nacht im warmen Raum stehen lassen – auf Backblech legen – bei 120° C zwei bis drei Stunden im Backofen trocknen – falls Unterseite bei dickeren Figuren weich, umdrehen und nochmals backen – bemalen – Klarlack auftragen – leicht herzustellen – nettes Geschenk

*Für die Herstellung einer Knetmasse aus Salzteig benötigt man Mehl, Salz, Öl, Wasser, eine Rührschüssel, eine Tasse, einen Kochlöffel, einen Esslöffel und ein Backblech.*

*Man gibt vier Tassen Mehl, eine Tasse Salz, drei Tassen Wasser und zwei Esslöffel Öl in eine Rührschüssel und vermischt das Ganze sorgfältig mit einem Kochlöffel.*

*Ist die Masse zu weich, stäubt man etwas Mehl darüber. Bröckelt der Salzteig, so empfiehlt es sich, etwas Wasser hineinzuträufeln.*

*Den Teig mit den Händen gut verkneten, sodass eine geschmeidige und glatte Modelliermasse entsteht.*

*Anschließend aus dem Teig beliebige Figuren formen.*

*Die fertigen Salzteigfiguren über Nacht in einem warmen Zimmer fest werden lassen.*

*Am nächsten Morgen diese vorsichtig auf ein Backblech legen und bei 120° C zwei bis drei Stunden im Backofen trocknen lassen.*

*Dickere Figuren sind eventuell auf der Unterseite noch etwas weich. Sie müssen dann umgedreht und mit der Rückseite nach oben nochmals gebacken werden.*

*Zuletzt kann man die Figuren bemalen und mit einem Klarlack versehen, damit sie länger haltbar sind.*

*Salzteigfiguren lassen sich einfach und schnell herstellen.*

*Sie eignen sich hervorragend für kleine Geschenke.*

# Servietten falten

**Bei deiner letzten Geburtstagsparty hast du deine Gäste mit besonders originell gefalteten Servietten beeindruckt.**
**Deine Tante möchte nun wissen, wie man die Servietten zusammenlegen muss.**
**Beschreibe deine Vorgehensweise. Die Bilder helfen dir dabei.**

①
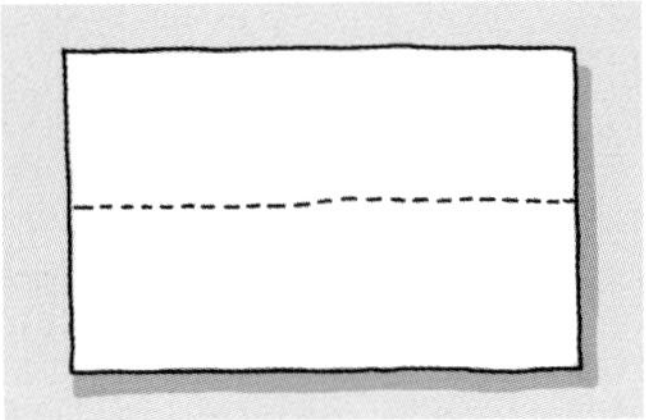

②
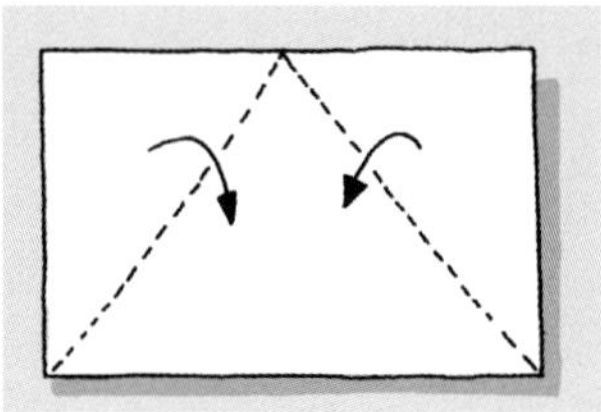

③
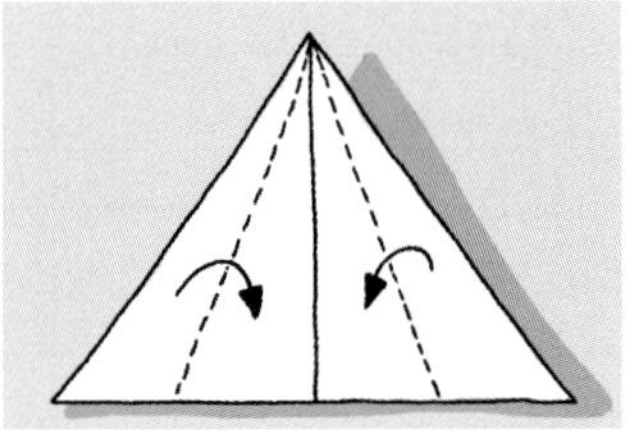

④
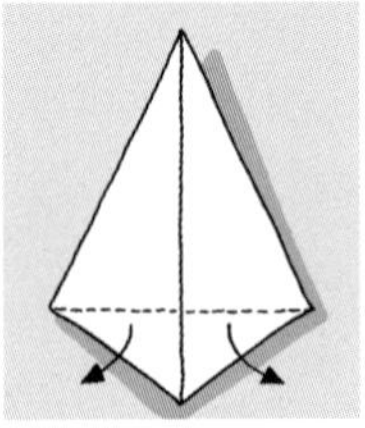

⑤
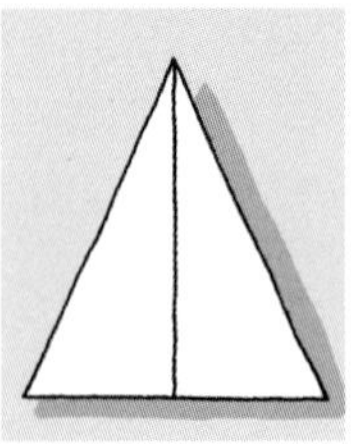

⑥
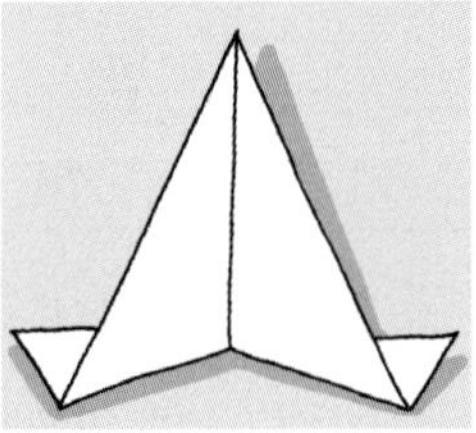

# Servietten falten – Lösung

**Bei deiner letzten Geburtstagsparty hast du deine Gäste mit besonders originell gefalteten Servietten beeindruckt.**
**Deine Tante möchte nun wissen, wie man die Servietten zusammenlegen muss.**
**Beschreibe deine Vorgehensweise. Die Bilder helfen dir dabei.**

①
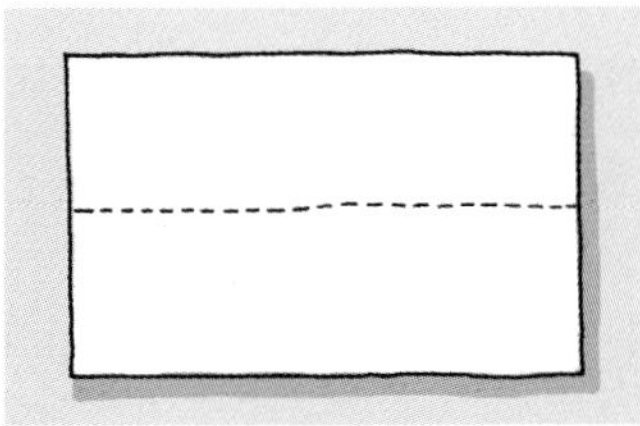

②
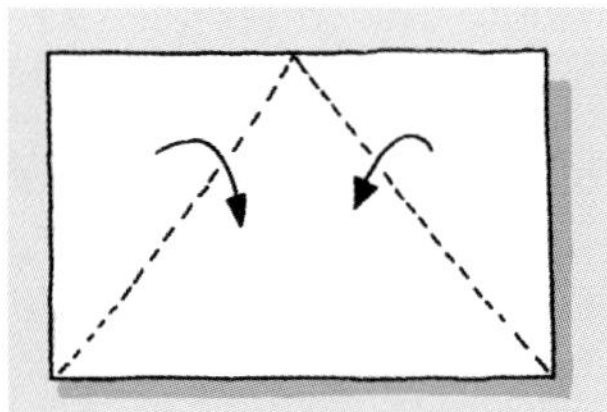

③
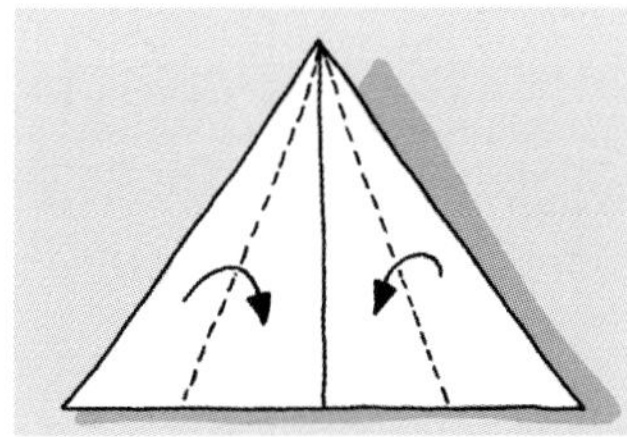

④
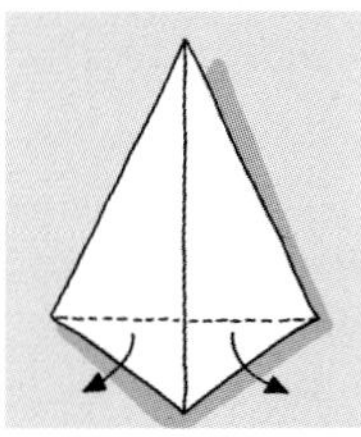

⑤
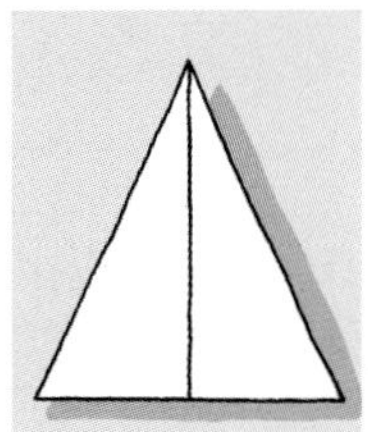

⑥
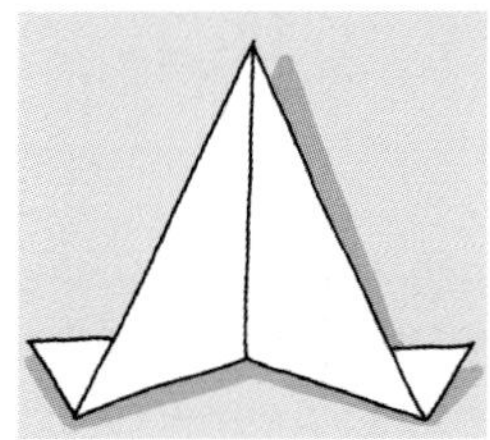

*Mit wenigen Handgriffen zaubert man mit Servietten eine fantasievolle Tischdekoration.*

*Breite eine Papierserviette auseinander und falte sie einmal sauber in der Mitte, sodass ein Rechteck entsteht.*

*Schlage die rechte und die linke obere Ecke des Rechtecks zur unteren Mitte hin ein.*

*Es entsteht ein Dreieck.*

*Anschließend muss man die rechte und die linke Seite des Dreiecks wieder zur Mitte falten.*

*Knicke die unteren Ecken, die überstehen, nach hinten.*

*Biege danach die beiden Seiten des Dreiecks entlang der Mittellinie leicht nach vorne.*

*Stelle zuletzt die fertige Serviette auf oder neben den Teller.*

*Diese Faltung der Serviette gelingt sehr leicht.*

# Schreibaufgabe

| Zutaten | Zubereitung |
|---|---|
| 4 Schnitzel | waschen, trocken tupfen, in Streifen schneiden |
| 1 Knoblauchzehe<br>1 Esslöffel Gyrosgewürz | schälen, pressen, zu Fleisch in Schüssel geben, mischen |
| 4 Esslöffel Öl | in Pfanne erhitzen, Fleischmischung braten, umrühren |
| je $\frac{1}{2}$ Paprikaschote, Zucchini, Zwiebel | in kleine Würfel schneiden, zu Fleisch geben, kurz mitdünsten |
| Weißbrot | dazu servieren |

**Fertige aus diesen Angaben eine ausführliche Vorgangsbeschreibung.**

**Formuliere ganze Sätze.**

- **Achte auf eine sinnvolle Reihenfolge der Arbeitsschritte.**
- **Verwende treffende Fachausdrücke.**
- **Stelle die Zusammenhänge mithilfe von passenden Konjunktionen dar.**
- **Gestalte deine Beschreibung übersichtlich und ansprechend.**

**Kontrolliere zum Schluss, ob deine Vorgangsbeschreibung alle obigen Angaben enthält.**

# Schreibkonferenz

Eine Schreibkonferenz hilft euch, eure Vorgangsbeschreibung noch besser zu gestalten. Selbst Bestsellerautoren lesen und überarbeiten ihre Werke immer wieder, bevor sie diese veröffentlichen.
Dabei erhalten sie oft viele wertvolle Tipps von anderen.

Bildet für eure Schreibkonferenz eine Gruppe von höchstens drei bis vier Personen. Vielleicht können sogar eure Textprodukte von eurer Lehrkraft in der entsprechenden Anzahl kopiert werden.

Führt anschließend eine Schreibkonferenz durch:

① Ein Gruppenmitglied liest seine Vorgangsbeschreibung laut vor. Hört dem Leser aufmerksam zu! Informiert den Autor über euren ersten Eindruck, dabei muss mindestens ein guter Punkt erwähnt werden!

② Während das Geschriebene ein zweites Mal langsam vorgelesen wird, macht euch stichpunktartig Notizen auf dem **Schreibkonferenzbogen – Vorgangsbeschreibung**.

③ Teilt eure Aufzeichnungen höflich der Schreiberin oder dem Schreiber mit. Macht gemeinsam sinnvolle Verbesserungsvorschläge, die dem Autor wirklich helfen!

④ Nun ist der oder die Nächste an der Reihe, das Geschriebene vorzutragen. Wiederholt diesen Vorgang so lange, bis jedes Gruppenmitglied sein Werk vorgestellt und Tipps erhalten hat. Dann verbessert eure Vorgangsbeschreibungen!

# Schreibkonferenzbogen – Vorgangsbeschreibung

**Name des Autors:** ______________________________

**Überschrift des Textes:** ______________________________

| | ☺ | ☹ | Verbesserungsvorschlag |
|---|---|---|---|
| 1. Wurden alle benötigten Werkzeuge und Materialien angegeben? | | | |
| 2. Sind die einzelnen Arbeitsschritte in der richtigen Reihenfolge beschrieben? | | | |
| 3. Wurden Vorgänge durch treffende Fachausdrücke genau beschrieben? | | | |
| 4. Wurde die Beschreibung in der Gegenwart verfasst? | | | |
| 5. Enthält die Beschreibung eine persönliche Wertung? | | | |
| 6. Gibt es vermeidbare Wortwiederholungen? | | | |
| 7. Ist die äußere Form übersichtlich und ansprechend gestaltet? | | | |

Datum

Unterschrift des Schreibkonferenzmitglieds

# Deutsch üben – leicht gemacht!

*Heiner Müller*

**Grundwissen Grammatik**

**Kopiervorlagen für das 5. und 6. Schuljahr**

Diese Mappe bietet Ihnen übersichtliche Informations- und Aufgabenblätter zur Wort- und Satzlehre und umfangreiche Deklinations- und Konjugationstabellen für das Lernen und Wiederholen der Fälle der Nomen sowie der Zeit- und Personalformen der Verben. Die Arbeitsblätter eignen sich zur Wiederholung und Festigung, aber auch für Freiarbeit und Vertretungsssstunden oder als Hausaufgaben. Ein wichtiger Pluspunkt: Die Materialien sind ohne große Vorbereitung sofort im Unterricht einsetzbar.

**Mit dieser Mappe decken Sie alle Lehrplanschwerpunkte des Grammatikunterrichts ab!**

Mappe mit Kopiervorlagen, 66 Seiten, DIN A4
5. und 6. Schuljahr
Best.-Nr. 2618

*Heiner Müller*

**Grundwissen Grammatik**

**Kopiervorlagen, Tabellen, Beispiele und Lösungsblätter**

Mit diesen Kopiervorlagen machen Sie Ihre Schülerinnen und Schüler nicht nur fit im Anwenden der grammatischen Begriffe und der Bestimmung der Satzglieder, sondern auch im richtigen Gebrauch der indirekten Rede und beim Unterscheiden von Handlungs- und Zustandspassiv. Die enge Verzahnung von Informationen und Übungen ermöglicht ein effektives Erarbeiten des Stoffes. Dabei helfen Tabellen und Beispiele. So vermeiden Sie zeitraubendes Suchen. Mit den Lösungsblättern können Sie sowohl Lernvorlagen als auch Blätter für die Selbstkontrolle herstellen. Ihr Vorteil: die Tabellen sind ohne große Vorbereitung gut als Hausaufgaben oder Kurztests einsetzbar.

**So gut kann Grammatikunterricht funktionieren!**

Mappe mit Kopiervorlagen, 58 Seiten, DIN A4
7. bis 9. Schuljahr
Best.-Nr. 2626

*Ursula Oppolzer*

**Kurze Zwischenaufgaben für den Deutschunterricht**

**Übungen zu Wortschatz, Gedächtnis, Wahrnehmung und Konzentration**

Die Zwischenaufgaben rund um die Tierwelt locken die Arbeitsatmosphäre auf, fördern die Lernbereitschaft Ihrer Schüler/-innen und motivieren diese auf spielerische Weise wieder für den Deutschunterricht. Gleichzeitig werden Rechtschreibung und Allgemeinbildung der Jugendlichen trainiert und verbessert. Dabei enträtseln Ihre Schüler/-innen u. a. Tiernamen, trainieren ihr Gedächtnis anhand kurzer Steckbriefe, setzen Kurzgeschichten fort, entziffern Geheimschriften und üben Rechtschreibung und Konzentration mithilfe „tierischer" Gedichte. Zu allen Aufgaben sind Lösungen vorhanden.

**Schnell einsetzbare Aufgaben rund um den Themenbereich „Tiere"!**

Buch, 96 Seiten, DIN A4
5. und 6. Schuljahr
Best.-Nr. 3504

*Edmund Wild*

**77-mal selber dichten**

**frei nach Goethe, Grönemeyer & Co.**

Langweilige Gedichte? Abgehobene Interpretationen? Nicht in Ihrem Unterricht! Anhand von Werken bekannter Dichter verschaffen sich Ihre Schülerinnen und Schüler einen umfassenden Einblick in die verschiedenen Techniken der Dichtkunst. Spritzige, moderne Paralleldichtungen regen zum kreativen Umgang mit Poesie an. Sie motivieren die Jugendlichen, die entsprechenden Methoden aufzugreifen und für eigene Aussagen erfolgreich zu nutzen. Schülergerechte und handlungsorientierte Strategien lassen auch Gedicht-Muffel zur Feder greifen.

**Sie haben die Wahl: konkrete Poesie und Computergedichte, Raps und SMS!**

Buch, 108 Seiten, DIN A4
5. bis 10. Klasse
Best.-Nr. 3676

*Eva Rechlin*

**Die kreative Sprach-Werkstatt**

**Materialsammlung zum experimentellen Umgang**

Auf diese beliebte Materialsammlung zur Sprache verlassen sich schon viele Ihrer Kollegen! Sie ist zum Spielen, Raten, Mitarbeiten, Denken, Tüfteln, Forschen etc. gedacht. Ihre Schülerinnen und Schüler können mit zusammengesetzten Nomen spielen, mit Doppellauten dichten, verdrehte Wörter und komische Fragen finden und sogar Vorsilben und Selbstlaute zum Klingen bringen. Das Spiel mit Lautmalerei und Reimen, Wörtern und Wortschöpfungen macht Kindern und Jugendlichen nicht nur Spaß, sondern fördert das Gefühl für Klang und Rhythmus und motiviert zur Auseinandersetzung mit der Bedeutungsvielfalt von Wörtern.

**Spielerisch – kreativ – experimentell! Nach diesem Motto funktioniert Ihre Sprach-Werkstatt!**

Buch, 78 Seiten, DIN A4
Ab 4. bis 6. Schuljahr
Best.-Nr. 3876

## Unser Bestellservice:

Das komplette Verlagsprogramm finden Sie in unserem Online-Shop unter

**www.persen.de**

Bei Fragen hilft Ihnen unser Kundenservice gerne weiter.

Deutschland: ✆ 0 41 61/7 49 60-40 · Schweiz: ✆ 052/366 53 54 · Österreich: ✆ 0 72 30/2 00 11